高橋恵子
Keiko Takahashi

子育ての知恵

幼児のための心理学

岩波新書
1760

はじめに

これは幼い子どもの「子育て」についての発達心理学からの提案の本です。

本書は、決して恵まれているとはいえない日本の子どもの生活の質を改善したい、そして、希望の持ちにくい社会状況のなかで奮闘されている親や養育に携わっているみなさんを支援したいと思いながら書きました。そしてさらに、子育てにかかわる多くの専門家――たとえば、保育士、臨床の現場で働く人、子育てのマス・メディアで働く人、育児・保育行政に携わる人、そして、政治家――に、参考にしてほしいと願ってもいます。

「子育ての知恵」を持つことの大切さ

本書は、子育てでは、子どもとどうつきあうかという「対処法」ではなく、どのような子育てをするかを考えるための「子育ての知恵」、すなわち、「子育てについて筋道をたてて考え、判断する能力」が必要であることを述べています。いわゆるフェイクニュースが横行する現在です。本書では、読者が「子育ての知恵」が持てるように、できる限り科学的根拠を示すことをこころがけました。

「子育ての知恵」を強調するのは、私が発達心理学の研究者として、育児書、育児雑誌、インターネットなどでの子育て相談に長年携わってきて、日本の子育て相談が「対処法」の伝達に偏りがちだという反省があるからです。即効性のある「対処法」が注目されているために、実は子どもの〝症状〟の根にある真の理由を考えずに、似た質疑応答が繰り返されるばかりで、これでは「子育ての知恵」は育たないのではないかと考えたのです。

「子育ての知恵」は子どもの心の理解にもとづくものです。これを持つと、子どもの困った〝症状〟も微笑ましく、時には、頼もしくさえ思え、子育てが楽しくなるはずです。子育ては親とは異なる人間の成長に立ち会うことであり、そして、子どもの成長とともにおとなも育つ機会でもあるからです。

子育ての悩み・質問

子育て相談では、同じような質問が繰り返されています。たとえば、幼児の反抗についての質問はもっとも頻繁に出てくるものです。激しい反抗をどう扱ったらよいか、なぜ子どもは母親にだけ反抗するのか、反抗するのは甘やかすせいだと父親は非難するが本当か、いうことをきかないと父親が子どもを叩くのが心配だ……、と多くの質問が寄せられます。また、幼児の人間関係についても心配が山積しているようです。甘えん坊で心配だ、世話をしている母親よりも面倒をみない父親が好きなようで納得できない、通園をいやがるので小学校にも行かないのではないかと心配だ、友だちにいつもいじめられていてつらい……、などです。そしてまた、母親が就労することが子どもの発達に悪影響を及ぼさないかと心配されて多くの質問がなされます。3歳までは母親が育てるべきだと聞いたが本当か、働かなくてはならないのだが0歳から保育園に入れても大丈夫か、一日に何時間までなら保育園に預けても問題はないか……、などです。いずれも、幼児の日常でよくみられるトラブルや心配です。あなたも、似たような質問をお持ちかもしれません。

「子育ての知恵」を持つこととは、これらの子どもの〝症状〟をハウツー問題としてではなく、幼児の立場に立って考えることです。その時の子どもの気持ちはどのようなものか、子どもは何を望んでいるのか、発達からみて心配しなければならない〝症状〟はどれか、無視してもよいのはどれか、などの判断が可能になることです。

しつけとは何か

子育ての中心的な使命は、子どもをしつけることだといえるでしょう。では、しつけとは何のことでしょう。

しつけとは、おとなの好みや考えに、単に子どもを従わせることではありません。しつけとは、「社会の新しいメンバーである子どもが将来の社会の担い手になるように、社会のルール、習慣、文化を伝えることである」と考えるとよいでしょう。子どもに場当たり的ではない対応をするためには、養育者には「子育ての知恵」が必要です。そして、「子育ての知恵」は社会の変化や新しい科学的証拠によって、適宜、修正されるべきものです。

子育て相談を受けていると、日本では21世紀の現在でも、「母性愛」「子育ては母の手で」「三つ子の魂百まで」などの育児神話や古い常識がまかりとおり、それに養育者が翻弄されていることがわかります。そして、為政者たちは、すでに研究が否定したはずのこれらの〝通説〟を巧みに利用して、受け入れ難い子育て政策を提案したり、耳を疑うような暴言を繰り返しています。日本の子育ての文化はなかなか刷新されません。

子育ての古い常識がぬぐいきれないのも、子育てを「対処法」で片付けてきた習慣のせいではないかと考えます。「対処法」が集まっても、「子育ての知恵」とはならないのです。

本書の構成

本書では、発達心理学の研究成果をもとに、養育者が持っていたらよい「子育ての知恵」とはどのようなものかを、子育て相談の件数がもっとも多い1歳半くらいから就学するまでの幼児期を中心に述べることにしました。特に、養育者が日常かかわることが多く、しかも、人間の心の根幹をつくっている部分の発達を考えるために、次の五つのテーマを厳選しました。

- 心の発達＝発達とは何か、発達の性質を明らかにします(第1章)。
- 母親の神話＝母親についての神話を、新しい証拠をもとに考え直します(第2章)。
- 幼児の人間関係＝幼児の調査をもとに、子どもの人間関係を理解します(第3章)。
- わたしが主人公＝発達の当事者としての子どもを考えることの大切さを述べます(第4章)。
- 子どもと社会＝子どもが育つ社会について考え、また、おとなはどのように責任を果たせるのかを検討します(第5章)。

本書の特徴は、可能な限り発達心理学や周辺科学の研究成果に基づいて述べていることです。心理学は実証科学であり、実験や調査によってデータを集めて、仮説が正しいかどうかを証拠によって検討します。もしも証拠が仮説を支持しなければ、さらに証拠を探します。しかし、証拠がなければ仮説を修正することになります。このようにして、発達の事実が明らかにされてきているのです。本書では子育ての〝通説〟が修正されてきたことも紹介しました。そして、さらに詳しく知りたい読者のために関連する文献を巻末にあげましたので、利用していただければと思います。

本書が、子どもはなぜそんなことをするのだろう、行動をどう理解したらよいのだろう、子どもの発達のためにおとなは何をしたらよいのだろう、と考えるための「子育ての知恵」を持つ参考になればうれしい限りです。

目次

各扉のイラスト＝山本重也

第1章

心の発達

三つ子の魂百までか

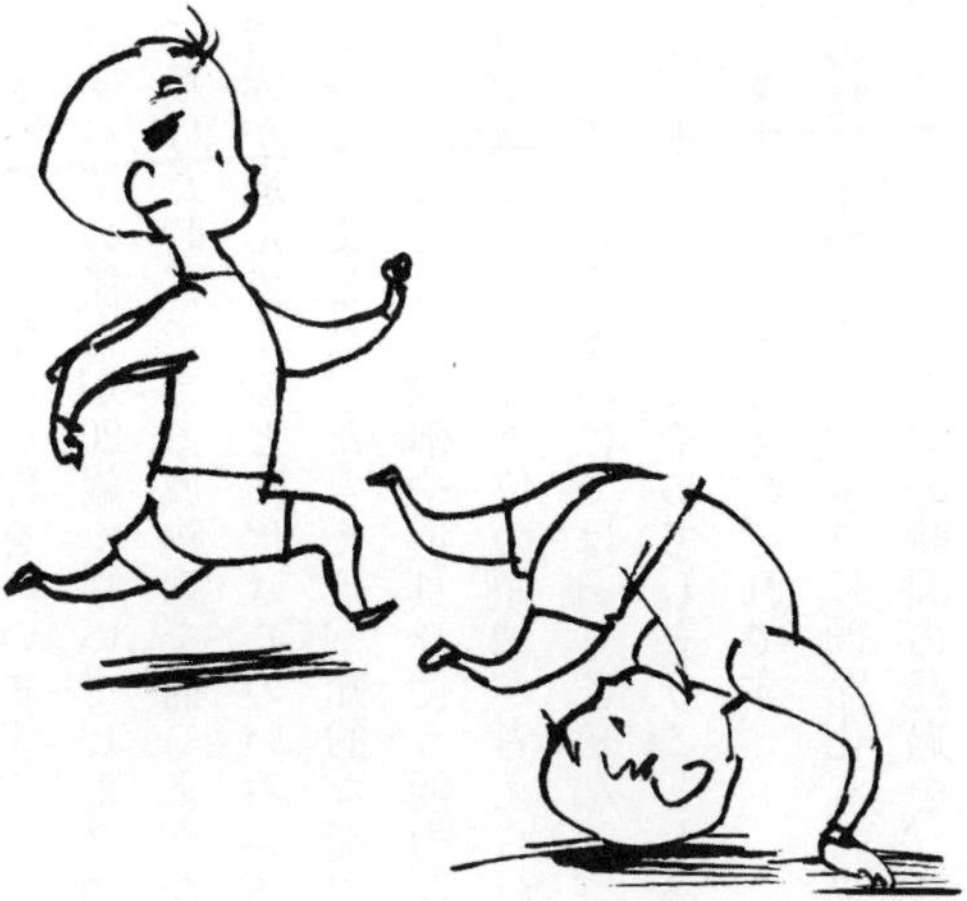

心の発達とは、「受精から人生の終わりまで、時間の経過にともなっておこる心の内の変化」をいいます。これが現在広く使われている定義です。発達は「変化」を問題にしますので、能力が高まり、ピークを迎え、やがて衰えていくというすべての変化の過程をいいます。

この変化の実態は複雑です。つい最近まで、発達はすべての能力が20歳くらいでピークに達してその後はゆっくり衰えていくという、物を遠くに投げた時にできる放物線を描くような一本の経路をたどると考えられていました。しかし、研究が進んでくると変化は心のいろいろな領域で、生涯のどの時期にもおこっていることがわかってきました。たとえば、知的な能力、他人と接する対人行動、社会のルールや仕組みの理解、さらには、設備や道具を使う能力など、さまざまな領域が考えられます。そして、それぞれの領域にはさらに下位の領域が考えられます。これらの領域や下位領域でのたくさんの変化は、一斉に始まるわけではありませんし、いったん始まった変化がやがて終わることもありますし、本人の意思でやめてしまうこともあります。高齢になっても続く変化もあります。そして、変化の大きさもそれぞれです。

ドイツの発達心理学者ポール・バルテスらは発達の様子を図1-1のように簡略化して描きました。それぞれの線は変化を表現しています。横軸は誕生からの人生の時間の経過を、縦軸は変化の量を表しています。それぞれの発達は、始まる時期、続いている期間、終わる時期、

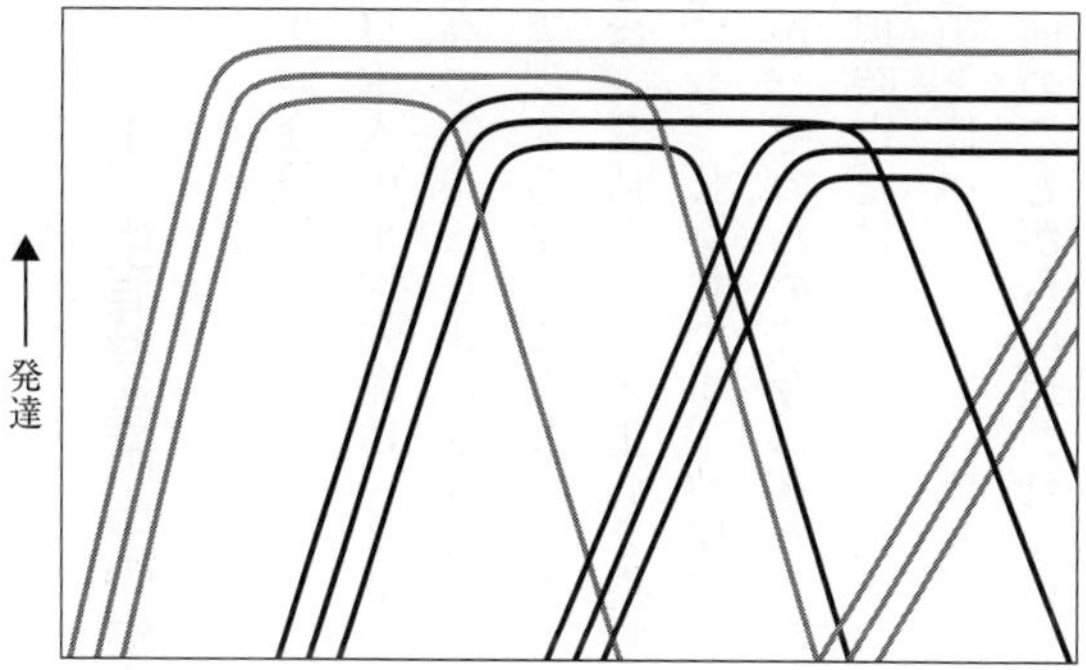

（出所）Baltes et al., 2006

図 1-1　発達の変化の様子

変化の大きさなどがそれぞれに異なることを表現しています。

発達は、「遺伝子」、生活している「環境」、そして、発達している「主人公の意思」の三つの要因によっておこる複雑な変化だと考えられます。したがって、変化はさまざまになり、誰もがすべての領域で同じように発達することはありえません。このような発達の性質がわかってくると、それぞれの人がその人なりに変化するのが真実であり、それが自然だということに気づきます。そうなると、おとなが特定の目的を決めて子どもを早期から訓練したり、他の子どもと比較して叱咤激励したりするのは、決して望ましいとはいえなくなるでしょう。

子育てでは、まず、発達とはどのようなことかを理解することが大切だと思います。子どもの発達には根拠のない通説が多いからです。

1　生涯発達の中の幼児期

生涯発達

日本人の平均寿命は、２０１７年の資料で女性が87・26歳、男性が81・09歳で、いずれも過去最高であったと報告されました。このように人の一生が90年にせまった日本では、「人生百年」と表現するようになりました。発達を「生涯発達」として考えることが必要です。「生涯発達」とは、受精からの一生涯を視野に入れて、それぞれの時期の発達を考えることです。たとえ幼児でも、しかりです。幼児が元気で幸せに百歳まで生きるにはどのような発達をしていけばよいか、そのために今はどうしたらよいのかを考えようというわけです。

現時点だけで発達を考えるのはやめてみましょう。幼い子どもの養育者は育児に忙しく、平均値と比べて子どもの成長に一喜一憂したり、あるいは、早期教育をするべきか迷うなど、目の前のことがらに追われていることでしょう。しかし、ちょっと手を止めて、この子が百歳まで生きるとしたら、今は、何を優先させたらよいのかを考えてみようという提案です。一生を生涯発達という広角レンズで見ると、今にこだわった風景とは異なるものが見えてくるはずです。

もしも、幼児の百年の人生を考えるなどというのは無意味だという反論があるとすれば、それは、一生が50年であった時代の考え方に慣れすぎているせいです。人生百年時代は日本に急にやってきて、発達を考える上で頭を切り替えることを要求しているのです。

人生百年時代

日本人の寿命がどこの国におけるよりも急速に延びたことを数字が示しています。たとえば、65歳以上が人口の７％から14％になるのにかかった年数を調べたところ、日本では１９７０年から94年までの24年であったのに対して、フランスでは１１５年、スウェーデンでは85年、米国では69年、欧米でもっとも高齢化が早く進んだとされるドイツでも40年かかったというのです（内閣府、2009）。１９５０年には日本人の平均寿命は50歳後半であったのですから、寿命が急に50年近くも延びたことになります。

会社勤務や子育てが終わる頃には自分の人生も終えるというのが、かつての日本人の一生でした。ところが、仕事や育児の責任から解放され、自分で計画したり管理できる自由な時間が

50年もできたのです。つまり、この50年を含めた一生を考えることが必要になったのです。忙しかった日々から解放され、やれやれと休息するだけというには長すぎます。こうなると、偏差値の高い大学に入って、一流企業に勤めて、結婚し子どもを育てるという、人生50年時代の〝成功〟の計画では、百年時代の人生はうまくいかないでしょう。

「高学歴の偉かった男性がもっとも難しい」というのは、高齢者のためのプログラムの運営者や高齢者施設で働く人々からよく聞く感想です。「人間関係が苦手で人見知りで、上から目線で威張っていて、すぐに昔の肩書をいいだして……」と愚痴は続きます。

日本では、あまりに早く寿命が延びたために、一生をどう設計するかについて時間をかけて吟味することが、誰にもできなかったのです。多くの人が戸惑っているのです。

長寿社会では、それぞれの人生を百年と見積もるという、誕生時からの生活設計が欠かせません。たとえば、会社勤務や子育ても、そうすることを選択する人にとっての一つの通過点でしかありえません。生涯発達を考えるには、まず、発達の性質について正確に理解する必要があります。

2 「三つ子の魂百まで」の誤り

幼児期決定説

発達が生涯にわたって続くとなれば、では、いったん起こったそれぞれの変化の質や量はずっと維持されるかが問われます。子育て期の問いとしては、乳幼児期に起こった発達はその後も維持されるのか、この時期の経験は後の発達に影響を及ぼすのか、乳幼児期の育児の失敗は取り返しがつかないのか、というものです。いわゆる「三つ子の魂百まで」は本当か、という問題です。

「三つ子の魂百まで」とは、発達初期の経験が生涯のありようを決めてしまうという考え方で、これを「幼児期決定説」といいます。人々がこれを真実だとする思い込みは極めて強固です。私はある時思い立って、大学の半年の講義でこの信念が少しでも変えられないものかと挑戦してみたことがあります。4月の開講時に学生のこの信念についての思い込みの強さを測定しておき、半年の講義の中で反証となる心理学的データをできるだけ紹介するように心がけました。そして、講義の終わりに再度調べてみたところ、私の期待に反して、学生の「幼児期決定説」はびくともしていなかったのでした。

「幼児期決定説」は、おとなになってからの精神上のトラブルの原因を乳幼児期の母子関係のせいだとした、ジークムント・フロイトの精神分析学からきているという説があります。しかし、人々は、日常、こんな学説は知らずに、「三つ子の魂百まで」「雀百まで踊り忘れず」などという諺で成長をたとえて、「幼児期決定説」に加担しています。これはなぜでしょう。

私は、これはおとなが乳幼児期の成長に、ある種の生命の神秘を見ているからではないかと思うのです。まだ言葉もうまく話せない、しかし、たとえば1日に平均数個の新しい言葉を覚え、時に高い能力の片鱗を見せるという幼児に、おとなは驚きとともに、心の中で何がおきているのかわからないという不思議さを感じるのかもしれません。そして、この時期はとんでもないことがおこる重要な期間に違いない、この時期にこれからの発達の「土台」ができてしまうのではないか、という誤った信念が作られたのではないかと思います。

実は、「幼児期決定説」を好む専門家も、この神秘を認めてしまっているのではないかと私は考えています。ヒントになったのは米国の発達心理学者との雑談でした。彼は発達研究の第一人者で、1歳を過ぎるとできあがる母子関係の質が生涯にわたって維持されるという説を唱えていました。なぜ1歳児の関係の質が成人になっても持続すると思うのか、どのような仕組みがあると考えるのかという話になった時、彼は、「ことば以前の時期の経験だから強固なのさ」とあっさり答えたのでした。しかし、彼はその仕組みについては説明しませんでした。つまり、これはこの研究者の「思い込み」であることがわかります。

言葉が使えない「ことば以前期」に、何が起こっているのかを知ることが難しいのはたしかです。言葉を使わずに調査や実験をすることが必要だからです。証拠を探すのが難しいので、何かがおこっているにちがいないと研究者の思いも膨らむのです。

もしも証拠を探せば、乳幼児期の記憶力の研究が注目されます。乳幼児の記憶力がまだ限られていることはたしかです。たとえば、おもちゃを見せて子どもが関心を示してから、子どもが見ていることをたしかめながらそのおもちゃを布で覆って隠してしまいます。そして、「おもちゃはどこにいった？」と尋ねてみてください。子どもは楽しそうに笑うかもしれませんが、生後8、9か月以前では、おもちゃを探す気がまったくないように見えます。

この実験をしたスイスの心理学者ジャン・ピアジェは、乳児がおもちゃを探さないのは視界から消えると物がなくなり、その物のイメージが頭の中に保存されないせいだと考えました(ピアジェ、1967)。乳児は見た物をイメージ(表象)として頭にしまっておくのが難しいことを示しています。そして、ピアジェは1歳の後半になるとようやく、さっき友だちがやっていた動作（たとえば、怒って床に倒れて泣く行動）を後で自分が怒った時に再現したことに注目しました。つまり、この頃になると友だちのしていたことを覚えることができるようになるというわけです。

しかし、自分の体験についての記憶になると、3歳くらいでようやく「自分が昨日したこと」について話せるようになる程度だと研究者たちは報告しています。本書の第4章で子どもの自己の発達について扱いますが、自分の体験だと思えるようになるには、子どもの自己が発達しなければ無理なのです。幼児の記憶についての研究は始まったばかりですが、記憶力という点からみると3歳ではまだまだたよりないことがわかっています。したがって、幼児初期の記憶がその後も維持されると仮定するのは難しいということになります。

それにもかかわらず、「三つ子の魂百まで」という思い込みが払拭されず、働きたい、あるいは、働かなければならないという母親たちを不安にさせ、「2、3歳までは子どもと一緒にいたほうがよいでしょうか」という子育て相談が後を絶たないのです。

では、「幼児期決定説」を支持するような科学的証拠はあるのでしょうか。発達心理学者は一度おこった変化は維持されるか、という問題に長くとり組んできました。

縦断研究の証拠

一旦おこった変化がその後も維持されるかどうかを見るには「縦断研究」が有効です。これは同じ人々に、数日から数年間隔で同じ内容の調査・実験を繰り返し、それぞれの時期の測定結果に連続性があるかを追跡する方法です。縦断研究は同じ人々を追跡するので、時間の経過にともなう変化の有無を調べるのに適しています。

縦断研究は二種類に区別されます。

第一の種類は、子どもが持つある特徴は、時間がたっても変わらずに続くかどうかを、同じ方法で繰り返しデータを集めて確かめるというものです。

たとえば、米国のフェルス研究所では90人ほどの子どもを誕生時から追跡しました(Kagan & Moss, 1962)。子どもの心の特徴をとらえるのにふさわしい性質として、受動的か、同調的か、攻撃的か、競争心が強いか、問題行動の傾向があるか、知的な達成度はどうかなど48種類を選んで、0歳からの4時期(Ⅰ期：0〜3歳、Ⅱ期：3・1〜6歳、Ⅲ期：6・1〜10歳、Ⅳ期：10・1〜14・0歳)に繰り返し測定して、それぞれの性質がどの程度一貫してみられるかを分析しました。その結果、主に二つのことが報告されました。

一つは、このデータでは「幼児期決定説」を強く主張するのが難しいことでした。たとえば、

表 1-1　縦断研究の結果

a　受動性

	Ⅰ期	Ⅱ期	Ⅲ期	Ⅳ期
Ⅰ期	—	＊＊	＊＊	＊
Ⅱ期		—	＊＊	＊＊
Ⅲ期			—	＊＊
Ⅳ期				—

b　競争心

	Ⅰ期	Ⅱ期	Ⅲ期	Ⅳ期
Ⅰ期	—			
Ⅱ期		—	＊＊	
Ⅲ期			—	＊＊
Ⅳ期				—

c　同調性

	Ⅰ期	Ⅱ期	Ⅲ期	Ⅳ期
Ⅰ期	—	＊		
Ⅱ期		—	＊＊	＊
Ⅲ期			—	＊＊
Ⅳ期				—

d　問題行動

	Ⅰ期	Ⅱ期	Ⅲ期	Ⅳ期
Ⅰ期	—			
Ⅱ期		—	＊＊	
Ⅲ期			—	＊＊
Ⅳ期				—

e　攻撃性

	Ⅰ期	Ⅱ期	Ⅲ期	Ⅳ期
Ⅰ期	—			
Ⅱ期		—	＊＊	
Ⅲ期			—	＊＊
Ⅳ期				—

f　知的な達成

	Ⅰ期	Ⅱ期	Ⅲ期	Ⅳ期
Ⅰ期	—			
Ⅱ期		—		＊＊
Ⅲ期			—	＊＊
Ⅳ期				—

Ⅰ期 0〜3 歳，Ⅱ期 3.1〜6 歳，Ⅲ期 6.1〜10 歳，Ⅳ期 10.1〜14.0 歳
(出所) Kagan & Moss, 1962 から作図

表1-1のaに見るように、「受動的である」という傾向については、Ⅰ〜Ⅳ期のすべてのマスに強い関連(相関関係)があることを示す＊印がついているように、4時点間で連続性が見られました。＊の数が多いほどそれぞれ対応しているⅠ期とⅡ期、Ⅰ期とⅢ期というような、それぞれの二つの時期の関連が強いことを表しています。しかし、他の性質b〜fについては＊がまばらについています。も

しも、「幼児期決定説」が正しければⅠ〜Ⅳ期のすべての関連に＊がつくはずです。しかし、データはそうはならなかったのです。

そして、もう一つわかったことは、データ全体を見るとⅠとⅡ、ⅡとⅢ、ⅢとⅣというように隣り合う時期、つまり、測定の間隔が短ければ、より多く＊がついたことです。測定の時期が近ければ変化が少ないことは予想されるでしょう。しかも、幼児期においてよりも子どもが成長した時期のⅢとⅣでの関連が強く見られることも、納得できるでしょう。この研究をしたジェローム・ケーガンはその後も米国の発達心理学のリーダーの一人として活躍してきた研究者ですが、研究をふりかえった著作で「人生の初めの3年間で見られた特徴からおとなになった時の知的能力や人格特性を予想はできないことが証明されている」(Kagan, 2009)と述べています。

第二の種類の縦断研究は、乳幼児期にうけた特別な働きかけ(実験的に新しい体験をさせてみること)の効果が長く維持されるかを見るものです。この種の縦断研究も、幼児期に特別に与えた体験の影響はそう長くは続かないことを示しています。

たとえば、ノーベル経済学賞を受賞したジェームズ・ヘックマンが注目したことでよく知られるようになったのが、ペリー幼児研究です(ヘックマン、2015)。これは、米国ミシガン州の低所得階層の親子を対象にした教育プログラムで、3、4歳時の8か月間の教育の効果が40歳になるまで維持されるかを、7歳から40歳まで5回にわたって測定して追跡した研究です。3、4歳時の教育プログラムとは、週5日毎日150分の教育的働きかけと週1回90分の家庭訪問による母子への指導の二つです。残念ながら教育内容がどのようなものであったかの詳細は、報告書をいろいろと調べてみましたが古いこと(1960年代初め)でわかりませんでした。150分の教育では教師と子どもとの割合は1対5であり、教師役には修士号を持つ人があたったということのみ報告されています。このプログラムを体験した幼児(教育群)と、同じ地区の同じ生活状況でありながらプログラムに参加しなかった幼児(比較群)、それぞれ約60人が40歳まで追跡調査されました。教育プログラムの効果はこの2群を比べて検討されました。

その結果、興味深いことが報告されました。子どもへの8か月の教育プログラムの効果は、知的発達については7歳あるいは14歳でほとんど消えてしまいました。これに対して、職に就いたか(19歳時の調査項目、以下同様に調査した時期を示します)、高校を卒業したか(27歳時)、就職し収入を得ているか(27歳時)、非行や犯罪にかかわっていないか(27歳時)、大学・大学院を卒業したか(40歳時)、結婚したか(40歳時)などについては、教育群は比較群に比べて発達からみて望ましい方向でより多くの事例が報告されたというのです。

この結果からヘックマンは、3、4歳時の「知的領域」の教育効果はないが、社会生活や人間関係、つまり、「非知的領域」への働きかけの効果は長く続く、という結論を導きだしました。そして、経済的コストからいえば、「非知的領域」の幼児期の教育がより有効だとしたのです。経済学の立場から、3、4歳時のたった8か月間の「非知的領域」の教育効果に注目したのです。彼はこのセンセーショナルな仮説について多数の論文や図書を著わしていますので、日本の研究者のなかにも、早速、「非知的領域」の幼児期の教育効果を主張する人がでてきています。

しかし、私は、このヘックマンの仮説は慎重にとらえるべきだと考えています。たった8か月間の「非知的領域」の教育効果が40歳まで続いたと考える根拠が確かではないと思っています。なぜなら、幼児期の「非知的領域」の子どもへの働きかけは、8か月間の教育プログラム終了後も母親によって続けられていたと考えられるからです。家庭訪問によって訓練された母親は、おそらく望ましい変化をし、プログラム終了後も引き続き学習した行動を続けたに違いないからです。つまり、子どもの生活環境は改善され続け、その影響が子どもの望ましい発達を支えたというべきです。

このように考えるのは、米国で行われている貧困家庭の子どもへの3、4歳時の教育プログラムである「ヘッドスタート計画」でも、同じ結果が報告されているからです。この米国政府支援のプログラムは、恵まれない家庭の幼児が幼稚園教育で有利なスタートが切れる（ヘッドスタートをする）ように、「学ぶ用意をする」ことを目標にした教育的な働きかけです。このプログラムでも知的な働きかけの効果は10歳くらいまでで消滅していますします。しかし、同時期になされた母親への教育効果は長く維持されたというのです。つまり、母親はプログラム終了後も子どもの発達を支援し続けたと考えられています（アメリカ合衆国保健福祉省、2010）。

「幼児期決定説」は繰り返し登場する仮説のひとつで、用心しなければなりません。この説が出てきたときには、慎重にその根拠とされている証拠を吟味することが必要です。

発達のしなやかさ

縦断研究による結果は、発達の変化は連続するよりも不連続になることが多いことを示しています。3歳までの投資の効果が数十年も続くというようなことはないのです。そして、発達が不連続になる時には、さまざまな環境の変化があるからだという報告も増えています。あるいは、幼児期に不幸な経験をした事例でも、治療によって多くの場合は回復し問題を解決できることもわかってきました。つまり、発達では「しなやかさ（柔軟性）」を示す証拠の方が多く、

「幼児期決定説」は実証的に支持されてはいません。幼児期にしておかなければ後で大変なことになるとか、取り返しがつかないことになる、などという言葉に惑わされないことです。

しかし、だからといって、どうせ効果がないのであれば幼児期の養育に力を注ぐ必要はないという誤った結論をくだしては困ります。発達初期の望ましい経験は、その時の子どもを幸せにします。子どもはどの時期にも幸せになる権利を持ち、そのように環境を整えることは親だけではなくすべてのおとなの責任です。

3　発達を決める要因　その1　遺伝子と環境

遺伝も環境も

発達を決めるのは遺伝か環境かという議論が長くされてきました。発達は遺伝で決まるという「生得説《せいとく》」、生まれた後の環境によって決まるという「経験説」、それに、いやその両方であるという「輻輳説《ふくそう》」も加わった論争でした。それが、21世紀になって、発達は「遺伝子(Gene)」と「環境(Environment)」の両方の要因によると考えられるようになりました。しかも、研究者たちは発達的変化をひきおこすGとEの関係は足し算(G＋E)ではなく、掛け算(G×E)で表すのがふさわしいような複雑な相互作用であると仮定するようになりました（Meaney, 2010）。

21世紀の初め頃からは、生物学、進化学、脳神経科学などの生命を扱う生命科学者が心の発達を理解しようという関心を高めています。そして、発達心理学でも、人類を特別視するのではなく、生物の種のひとつとして扱うようになりました。心の働きの基盤として、脳や身体におこる生理的な作用を考えるようになったのです。

２０００年頃から発達心理学の国際学会では、脳神経科学、分子生物学などの専門家の招待講演があり、議論が活発になりました。多くの心理学者は聞いたことのない脳の部位、遺伝子、脳内物質などの名称にとまどったものです。そして、２０１０年前後には、代表的な発達心理学の学術誌『発達心理学（*Developmental Psychology*, *45-1*, 2009）』『児童発達（*Child Development*, *81-1*, 2010）』が、乳児の初期の発達での遺伝子の役割、発達での遺伝子と環境の両方の影響などについての実証的な論文を集めて、特集号を出すほどになりました。人間の発達を遺伝子の働きや生理的変化をも含めて理解しようという方向に、振り子が大きく揺れ始めたのです。これは画期的なことです。最近は地上波のテレビ番組や新聞の記事でも生物学、生理学、遺伝子を扱う内容が増えているのは、このような流れを受けてのことだと思います。生命科学が身近な学問になってきたのです。

エピジェネティクス

遺伝子と環境の相互作用とはどのようなものかを示す例として最近注目されているのが「エピジェネティクス(epigenetics)」という生命現象です。これはG×Eとはどのようなものであるかを示しています。これによって心の発達の理解が進むかという点では未知数ですが、遺伝子と環境の関係を示す例として注目されますので、紹介してみましょう。

エピジェネティクスは「遺伝子(DNA)の情報の変化はともなわずに、染色体における変化によって生じる、安定的に受け継がれる表現型」と定義されます。人間の見せるさまざまな性質(表現型)は、遺伝子だけで決まるのではなく、遺伝子と環境との相互作用によって決定されるというものです。

エピジェネティクスで何が起こっているかについての実体はまだすべてが解明されているわけではないそうです。しかし、エピジェネティクスという現象はたしかにあるというのです。エピジェネティクスの重要な点は、遺伝子そのものは変化させずに、ある遺伝子の発現をオンにしたり、オフにしたりする仕組みがあることが分かってきたことです。遺伝子が変わるには何百万年、何十万年もかかるとされているのですから、遺伝子そのものを変えるのは簡単ではありません。しかし、遺伝子は変えずに、遺伝子の働きを環境によって変える仕組みがあるというのです。つまり、エピジェネティクスとは遺伝子の発現を制御する仕組みをいいます。

人間のエピジェネティクスの証拠のひとつとして注目されているのが、「ドーハッド(DOHaD: Developmental Origins of Health and Disease の略称)」と名づけられた仮説です。これは、妊婦の栄養状態が悪いために乳児が低体重で生まれると、子どもたちが成人してからの健康上のリスクが高くなるという事実の説明として使われます(Barker, 1995)。つまり、胎児期に「栄養不足である」という環境要因によって子どもの「飢餓に対応する」遺伝子がオンになってしまい、成人になってもはや飢餓状態ではないにもかかわらず、カロリーを効率よく利用し栄養過剰になってしまうために生活習慣病(肥満、高脂血症、高血圧、Ⅱ型糖尿病、循環器疾患など)になりやすいというものです。この現象はエピジェネティクスの原理以外では今のところ説明できないとされています(仲野、2014)。

ドーハッドの証拠の例としてあげられるのがオランダの「冬の飢餓」と呼ばれる事件です。第二次世界大戦時、ドイツ軍に食料の搬入を封鎖された西オランダ地域の人々は過酷な飢餓に苦しみました。1944年末から45年初頭にかけての冬におこった惨事です。そして、この冬の飢餓を胎児で体験した人々を追跡した結果がたくさん報告されています。いずれも、胎児で飢餓を体験した人々は飢餓を体験しなかった人々に比べて、成人になると短命で、メタボリック・シンドロームを患うひとが多いと報告されているのです。

このエピジェネティクスの原理を使って親子関係の理解ができないかという関心が高まっています。たとえば、ある研究者たちは子どもの虐待を解明しようとして、ネズミやショウジョウバエを使った研究を行っています(Meaney, 2010)。子どもの虐待という多くの要因がかかわる問題をネズミやショウジョウバエに与えるストレスに置き換えて理解しようというのは飛躍がありすぎるでしょう。科学的データでも注意深く受け取る必要があります。しかし、どの事象でも生物学的要因は無視できませんので、今後の研究の展開は見逃せません。不幸な結果がおこる仕組みが解明されれば、それに陥らない方法や、そこからの回復の手立てがわかるという希望がもてます。

4　発達を決める要因　その2　当事者としての子どもの意思

子どもという要因

発達の内容を決める重要な要因として考えておくべきなのは、発達の当事者である子どもの意思です。したがって、発達はG×Eではなく、子どもをP（person）で表せば、正確にはG×E×Pとするべきなのです。おとなが子どもによかれと準備した環境でも、意味があると選ぶのは子どもです。子どもが健康で楽しそうであれば適度な環境だと考えてよいでしょう。しかし、子どもが過度の刺激のために辛そうであったり、あるいは逆に、退屈していたりすれば、環境の内容を点検する必要があります。

発達の生態学的モデル

図1-2は、米国の発達心理学者ユリー・ブロンフェンブレンナーが発達を決めるすべての要因を整理したものです。図の中央に描かれた子どもが、発達する当事者です。子どもは遺伝子や生理的特徴、そして、心理的な特徴を持ち、それを使って、誕生から時間の経過につれて経験する周囲の環境の種類や性質を増やしながら、発達していくと考えました。図に見るように、子どもが直接・間接に接するいろいろな環境がありますが、ブロンフェンブレンナーは環境を次の5種に分けました。

① マイクロシステムと名づけられたのは、子どもが直接に参加する身近な環境（家庭、学校など）です。

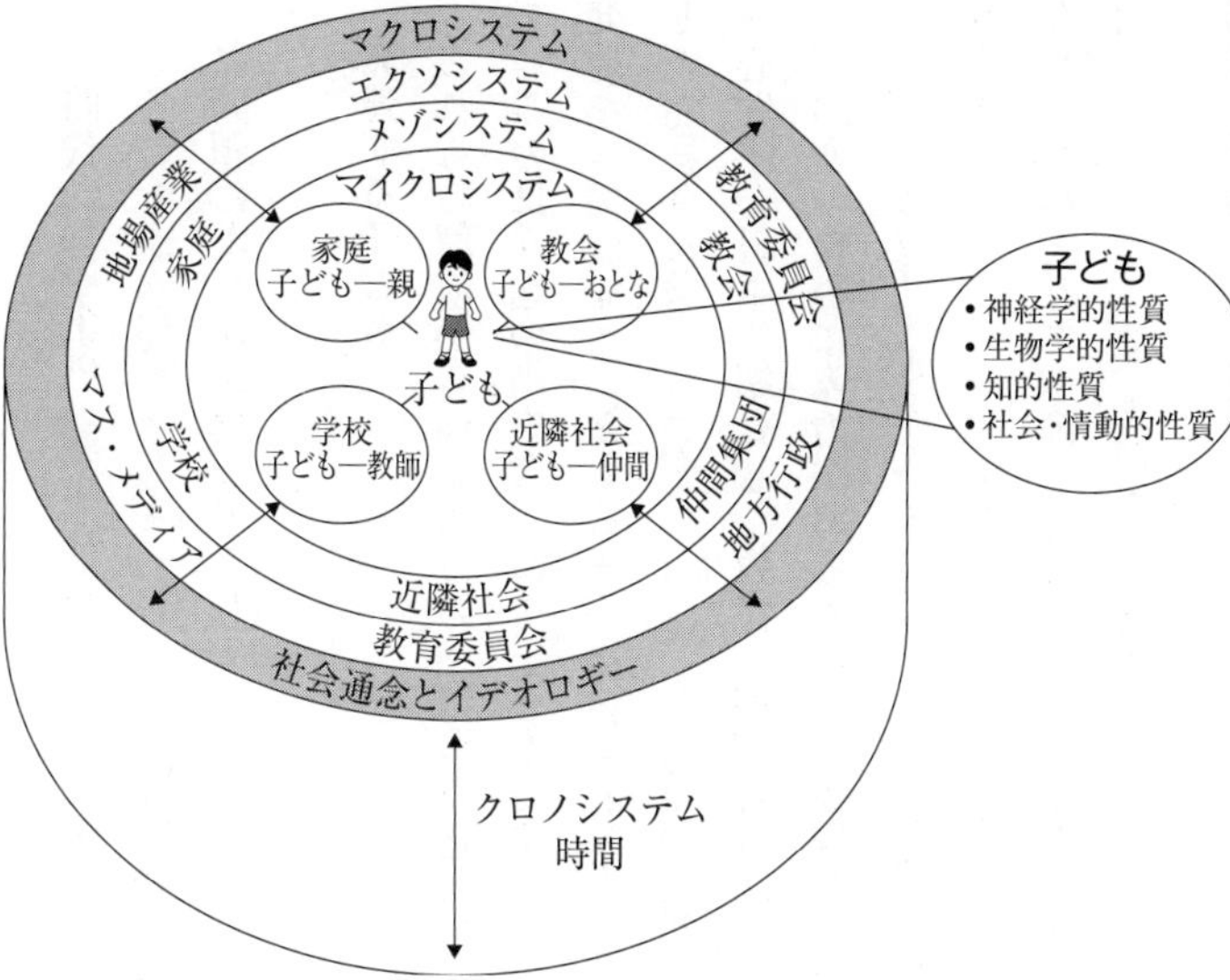

（出所）Bronfenbrenner & Morris, 2006; Cole & Cole, 2001; Sameroff, 2010 を参考に作図

図 1-2　ブロンフェンブレンナーの生態学的モデル

② メゾシステムは、身近な環境間の関係（学校と家庭での規律の違いなど）の重要性を示しています。

③ エクソシステムには、子どもが直接に参加することはまれですが、子どもが影響をうける重要な環境（マス・メディアや地域のしきたりなど）です。

④ マクロシステムは、子どもから見るともっとも遠い環境（風土、文化、時代精神など）でありながら、実はすべての環境に浸み込んでいて、それぞれのシステムに影響を与えているとされます。

⑤ クロノシステムは、発達がおこ

る時代（経済不況、戦争など）や個人の大きなライフイベント（就園、妹や弟の誕生など）を考えることが必要だとしました。時間の経過につれて、それぞれのシステムのどれがどのように問題になるかが異なるとしました。

発達する子ども

これらの環境から何を自分の中に取り込んで、自分なりに咀嚼《そしゃく》して、どう発達するかを決めているのは発達の当事者である子どもです。この状態を、先に紹介したピアジェは、子どもが発達を「構成する（construct）」のだとして、発達における子どもの役割の重要性を指摘しました（Piaget, 1970）。このピアジェの「構成主義」は多くの研究者に支持されています。ピアジェ心理学を日本に紹介した教育心理学者の波多野完治は「入力があるから出力があるのではなく、出力のために入力があるのだ」と表現しています（波多野、1990）。

「馬を水際まで連れていけても、水を無理に飲ませることはできない」という英語の諺があります。うまく言い当てているでしょう。子どもは環境の単なる受け手ではないのです。おとなが善かれとして準備しても、それを子どもが真に受け入れるわけではありません。子どもは図1-2のようなさまざまな環境と出会い、自ら働きかけて、自分に必要な知識であれば取り込み、自分がすでに持っている知識を使って処理してみます。その結果、納得できればそれが子どものものになり、それによって子どもが変化すると考えるのが、子どもが発達するようすに合っていると思います。

新しいことに興味を持った子どもがいろいろ自分で試してみて「わかった！」という喜びの声をあげる瞬間に立ちあったことはないでしょうか。〝納得できた〞ということでしょう。あるいは、「これなあに?」「なんで?」「どうして?」という幼児の質問に閉口した経験はないでしょうか。知りたいことが心の内から湧き上がってくるのでしょう。

「サンタさんってほんとうはパパなの?」「サンタさんのお手紙はなんでパパの字なの?」「サンタさんのプレゼントがあのデパートの袋に入っていたのはどうして?」……。おとなは次々に繰り出されるこのような子どもの質問にたじたじとなります。サンタクロースが誰かを知りたい幼児は、おとなの返事から得た知識を取り入れて、自分の持っている知識との矛盾点を取り出しては、次の質問をします。納得がいくまで質問が続きます。「しつこい子」とおとなはうんざりするかもしれません。しかし、子どもが新しい知識を取り入れる時にはこのような作業が心のうちでされているのだと考えると、子どもの執拗な追及も理解できるでしょう。

子どもは好奇心がとても強いのですが、自分が興味のあるものにしか本当には関心を示しません。縦断研究が発達の不連続性を示す理由の一つは、この子どもの要因(P)が活発に働いているせいだともいえます。発達では、G×E×Pのうち、特にPを尊重する必要があります。乳幼児の心の発達を考える上では、子どもが発達を決める権利を保証することが特に重要だと思います。

＊＊＊

本章では発達について考えなおしてみました。乳幼児の発達はこれからの百年の人生を視界に入れた長い行程です。ブロンフェンブレンナーが整理して見せてくれたように、発達はたくさんの要因がかかわる可能性に富んだ過程です。そして、実証データも示しているように、私たちは幼児期決定説の思い込みから解放されるべきなのです。子育てに、「今でなければ間に合わない」「取り返しがつかない」ことがあるという考えから自由になって欲しいと思います。そしてまた、遺伝子が人間の行動や発達にかかわる仕組みが解明されはじめ、私たちは遺伝子決定説からも解放されつつあります。

子育てに必要なことは、子どもがいつも幸せであることだと思います。幸せであるかは子どもが毎日たくさんの笑顔を見せて教えます。子どもにおせっかいや要求をしすぎていないか、あるいは逆に、かまわれなくて困っていたり退屈していないか、心くばりが必要です。

それは、子どもはおとなに頼らなければ生きてはいけない存在だからです。子どもの好みや、主張、そして、生存すらおとなが左右しかねないことを、おとなは常に自覚しておく必要があります。子どもの権利はおとなの意向しだいでないがしろにされかねないからです。

「あなたのためよ」とたとえ善意からでも、子どもの意思を無視したり、他方では、ネグレクトや虐待が子どもを苦しめたりしている事例が報告され続けています。これらのおとなの傲慢さの背後には、子どもの人権についての認識の甘さがあると思われます。子どもに発達の自己決定権を認めることは子育ての基本です。

第2章

母親の神話

「愛着」の心理学

「愛着」は発達心理学の学術用語のなかでもっとも社会に広まった単語のひとつだといえます。たとえば、高等学校の家庭科の教科書の多くにも乳幼児の人との関係として「愛着」が登場します。また、「愛着」は子どもに関する政策を問題にする時の公的な文書(たとえば、白書など)でも頻繁に使われています。そして、子どもについてのいわゆる専門家の談話や記事にもよく登場します。

そこに共通にあるのは、母子間の「愛着」が乳幼児の健全な発達には欠かせないという発想です。育児休業を延長して「三年間抱っこし放題」にしてはどうかとか、「ママが一番いいに決まっている」などという、耳を疑うような政治家の発言も根は同じでしょう。そして、「愛着」が育つ場所は、家庭ないしは家庭的な養育環境であるとされ、これが「家族の日」や「家族の週間」を設定しようという政策の根拠にもなっているのだと思います。

このように、日本では「愛着」が子どもの発達や福祉を考える重要な概念として使われていることがわかります。しかも「愛着」が発達心理学の専門用語であるところから、「愛着」という言葉を使った主張にはあたかも科学的根拠があるかのような誤解を生んでいる恐れがあります。

では、「愛着」とは何のことでしょうか。後述するように、発達心理学でいう「愛着」は、人間が持つ特殊で狭い心理的傾向を指す学術用語です。しかし、「愛着」は日常的によく使われる普通名詞でもあるので、そのニュアンスから乳幼児と母親の親密な関係をいうのだとされてしまいます。そして、母子間の「愛着」の実現のためには、育児は母の手でするのが一番よく、乳幼児は家庭で育つのが望ましく、乳幼児期の子育ての失敗は取り返しがつかないなどと誤解されているのです。このような風潮の中で、幼い子どもを保育園に預けて働いてもよいものか、母親がそばにいてやらなくても大丈夫か、という不安を母親たちが持っていることを調査は明らかにしています。

本章では、愛着についての発達心理学の研究を紹介し、母親、母子関係、家族についての考え方、つまり、母親についての神話を検討します。神話とは根拠のない信念のことです。愛着の概念が提案されてから半世紀以上になりますが、この間に愛着にまつわる母親についての常識が精力的に検討されてきました。その結果、母親の神話の多くが大幅に修正されました。

1　愛着理論の登場

「愛着」の提案者ボウルビィ

愛着という概念を提案したのはロンドンのクリニックで臨床医として活躍していたジョン・ボウルビィで、1950年頃のことです。ボウルビィのアイデアが発達心理学での巨大な理論となり、世界中に大きな影響を与えることになったのは、彼が、誰もが子どもにとって重要にちがいないと考えていた母親に科学のメスを入れようとしたからだと思います。

ボウルビィが母親をとりわけ重視して愛着を提案したのには、少なくとも二つの理由が考えられます。それが彼の愛着理論を特徴づけました。

第一には、ボウルビィが1950年にWHO(世界保健機関)の依頼をうけて第二次世界大戦の戦災孤児の調査をしたことです。ボウルビィは、英、仏などの欧州の5か国と米国の戦災孤児の施設を実際に訪れて、子どもの悲惨な状態に大きな衝撃をうけたといいます。そして、彼は戦災孤児に起こっている不幸は「母親を剝奪されたこと」「母親の愛情を失ったこと」のためだと結論づけたのでした。これが自分のライフワークになると思うと、ボウルビィが妻に語ったという逸話が残っています。強烈な体験であったことはたしかです。

ボウルビィがWHOの報告書をもとに1951年に出版した書物『子どもの養育と愛情の成長』で、家庭は子どもが健全に育つ唯一の場所であり、子どもの成長には母親の養育が不可欠で、母親への愛着を持つことが大切だ、母親を欠く養子や社会施設での養育には問題が多い、などと母親偏重主義とでも呼ぶべき信念を述べています(Bowlby, 1951)。

彼の理論を特徴づけた第二の理由は、フェミニストたちに厳しく批判されているように、ボウルビィが家父長制的な信念を持っていたことです。この信念のために、戦災孤児の施設でのいろいろな問題、たとえば、物質的な貧しさ、人手不足、健康上のトラブルなどをさしおいて、なによりも「母親を奪われたこと」に注目したのだと考えられます。

家父長制とは産業革命による経済の発展によって繁栄した英国のヴィクトリア王朝時代(1837~1901年)の思想です。「年長の男性が年少者を支配し、男性が女性を支配する」という年齢と性の二重の支配の制度です(上野、1994)。「支配する夫と支配される妻子」からなる家族が社会の単位であり、「男は仕事、女は家事・育児」という性別による役割の分業を当然とするものです。ボウルビィは最晩年にも「私は母親が働きに出るのは反対だ。女性が働きに出てとりたてて社会的価値のない手間のかかる作業をしている間、子どもは子どもに無頓着な託児所に預けられている。……親の役割がひどく過小評価されてしまっていると思う」とインタビューに答えている記録が残っています(Karen, 1994)。家父長制の支持者であり、母親偏重の考えを持っていたことがわかります。

愛着とは

ボウルビィの母親を重視する愛着理論は、当時の子どもの発達を扱う欧米の研究者や臨床家の中で広く受け入れられました。そうするうちに、ボウルビィの意に反して、愛着は母子の親密な関係、母子間の絆などという「親密な母子関係」そのものを意味することになり、愛着が発達のすべてを左右するかのように扱われるようになってしまいました。

母親偏重主義をとっていたボウルビィですが、愛着が単に母子の親密な関係を意味するように扱われることには困惑しました。そして、1982年の本(Bowlby, 1982)の中で、愛着とは親しい人間関係や親密な母子関係そのものを意味するものではないと主張しました。「愛着」とは「無能で無力な乳児」が「有能で賢明な養育者」に、生存の安全と心の安心を確保するために養護を求めることをいうのだとして、正しく理解するように求めました。そしてこれが発達心理学での現在の愛着の正確な定義でもあります(Cassidy, 2016)。

ボウルビィのいう愛着とは、生後間もなくから乳児が主な養育者である母親に生存のために養護を求めるという、〝一方向的で特別な働きかけ〟のことです。愛着は母と子の間の〝双方向的な関係〟や〝絆〟を意味してはいません。愛着行動とは、相手をじっと見る、目で追う、声をかける、近づいたり、後を追う、席を立つといやがる、などの行動を指します。子どもは自分が持っているこれらの愛着行動を総動員して、自分の生存の安全・安心を確保しようと必死に愛着の対象を求めるのです。そして、ボウルビィはこのような子どもをそのまま受け容れる母親がいること、つまり、母親が愛着の対象であることが、子どもの精神的な安定のために必要だと、特に母親にこだわった主張をしたのです。その後、このボウルビィの母親へのこだわりが正しいかが検討されることになりました。

進化の産物としての愛着

なぜ、乳幼児は愛着行動をほとんど生まれて間もなくからみせるのでしょうか。これについてボウルビィは進化学の立場に立って説明しました。

愛着は生まれた後に学習されるものではなく、「人間という種が生存のために安全・安心を確保しようと、養育者に援助を求める」という性質が、進化の過程で〝生物学的遺産〟として獲得された、つまり、このような性質が遺伝子に組み込まれたと考えました。そのため、愛着は人間が生涯にわたって持つ性質であるともしました。おとなでも心の中をのぞいてみると、精神的な安全・安心を誰かに求める性質を持つというのです。つまり、愛着は生涯にわたって、人間という種が心の平安を求める傾向で、それが充たされることが必要だとされます。現在もこのように考えられています。

愛着が生物学的性質として進化したのは、野生環境で猛獣から身を護るために必要であったからだと説明されています。21世紀の現在に野生環境とか猛獣とか、なにごとかと思われるかもしれません。しかし、人類がアフリカの森林からサバンナに移って暮らし始めたのはおよそ200万年前だとされています。そして、現在の人類の先祖が地球上に現れたのはおよそ20万年前だということです。猛獣から身を護る方法を進化させなければ人類は絶えてしまったでしょう。生き残るためにお互いに助け合って暮らしてきたのです。日本列島で人間が定住を始めたとされる縄文時代はたった1万数千年前のことです。つまり、人間が生きてきたのはほとんどが野生環境であり、愛着に限らず、人間が経験や学習をせずに持っている性質の多くは、野生環境を生き延びるために進化させてきたものだと考えるのです。

2　愛着の質

遺伝と環境の科学

ボウルビィは、主な養育者である母親に安全・安心のために護ってもらうという愛着を、どの子どもも生き延びるために持って生まれているとしました。しかし、ボウルビィは遺伝決定論者ではありませんでした。乳児は養育者に愛着行動を向けるという生物としての性質を持って生まれるものの、子どもが良い質の愛着を持つことができるかどうかという「愛着の質」を決めるのは、生まれた後の養育の仕方(環境)によると考えたことが重要です。

ボウルビィは愛着の質は遺伝的性質と生活する環境との相互作用で決まると述べています。彼は当時の最先端の生物学者たちの理論に言及しながら、遺伝子が胎内では胎内環境と、出生後は家庭環境やその他の社会・文化的環境と、相互作用をすると書いています(Bowlby, 1988)。愛着理論は遺伝と環境とで発達を考えるという当時の科学論を背景にしていたことがわかります。

（出所）Karen, 1994

図 2-1　ボウルビィ（右）とエィンズワース（1986 年）

愛着の質の測定

ボウルビィの考えをもとに、母親への愛着の質を測定する方法を考えたのがメアリー・エィンズワースです。二人は生涯にわたって協力して愛着の研究を続け、１９８９年にはそろってアメリカ心理学会から愛着研究によってきわめて優れた貢献をしたとして表彰されました。二人の出会いはエィンズワースが夫の留学でロンドンに来ていて、クリニックの臨時職員の求人に応募したという偶然から始まりました。彼女はボウルビィの理論に関心を持ち、１９５５年に米国の大学で職を得て以来、精力的に愛着の実証研究を続けることになりました。

エィンズワースは１９７８年に「ストレンジ・シチュエーション法（Strange Situation Procedure：SSP）」と名づけた愛着の質を測定する方法を発表しました（Ainsworth et al., 1978）。この測定法ができたために、これを契機に愛着の心理学研究が急速に進みました。ＳＳＰは現在も世界中で使われています。

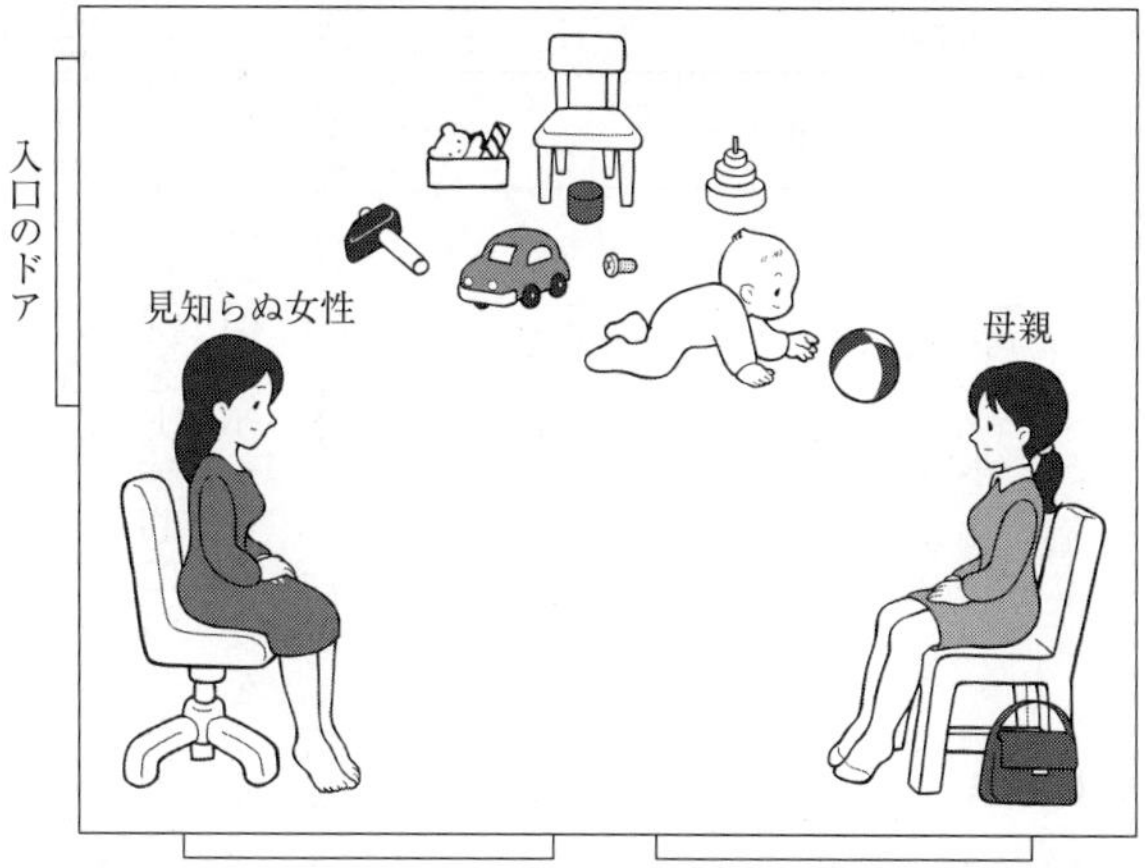

（出所）Ainsworth et al., 1978

図 2-2　「ストレンジ・シチュエーション法（SSP）」の実験室

ＳＳＰは図2-2のような実験室で行われます。実験の手続きは表2-1のような八つのエピソードからなるもので、全部で二十数分かかります。ＳＳＰは愛着の性質がわかるようにうまく考えられていますので紹介してみましょう。子どもの愛着の質を理解するコツがわかると思います。

ＳＳＰはその名称が示すように「新奇さ（strangeness）」をつくりだすように工夫されています。子どもに「穏やかな（mild）」不安をひきおこすような新奇な状況を人工的に作って、愛着の質を可視化しようと考えられたのです。もしも不安がなければ、子どもは周囲を探索したり、遊んだりして愛着行動を見せません。しかし、不安が非常に強すぎると、子どもは「溺れる者は藁をもつかむ」の諺のとおりに誰にでも助けを求めてしまい、誰が愛着の対象であるかがよくわかりません。そこで、SSPでは「穏やかな」不安が引き起こされるような状況を実験的につくる手続きが工夫されました。

SSPは「穏やかな」不安をつくるために、子どもの日常生活に配慮して3種類の「新奇さ」を備えています。①初めて訪れた実験室であること、②知らない女性が登場すること、

法(SSP)」の詳細

注意事項
EとSは別人である.
Mは本の中に忍ばせた手続きの注意をみてよい. 2分たっても，Cが遊ばない時には，Eが隣室から合図する.
Sは母親の退室が見えないように工夫する. Mは私物のかばんを椅子に残して退室する.
SはCを抱いてもいい．自然な方法であやす. Cが泣いたら，すぐに，Mが入室する.
Mが入室した時に，Sは壁際にいって動かない．Cの関心がMに移ってから，静かに，退室する. Cが動揺していたら最大6分まで延長する. Mが退室できない時には，エピソード6を省略して7へ.
Cが泣いたら，すぐに，Eの指示でSが入室する.
Cが泣いたら，すぐに，Eの指示でMが入室する. Mが戻る前に，SはCが泣いていても床にCを降ろす.
Mが入室した時に，Sは壁際にいって動かない. Cの関心がMに移ってから，静かに，退室する.

表 2-1 「ストレンジ・シチュエーション

エピソード	参加者	持続時間	実験内容
1	M, C, E	30 秒	E が実験室に M, C を案内する． C のスタート位置を指示して，すぐに退室する．
2	M, C	3 分	M は自分の椅子にすわって，本を見ている． M は C の要求には応える． 2 分たっても遊ばないときには，隣室からの合図に従って，子どもと遊ぶ．
3	M, C, S	3 分	S が黙って入室．椅子に座っている． 1 分経過の合図で，S は M に挨拶し，親しげに話す 2 分経過の合図で，S は C に近づいて，玩具で「遊ぼう」とさそう． 3 分経過の合図で，M が黙って退室する．
4	C, S	3 分または，以下	M との 1 回目の分離． C が遊んでいれば，S は椅子に戻ってすわる． 遊ばなければ，遊びにさそい，不機嫌ならなぐさめる．
5	C, M	3 分または，以上	M との 1 回目の再会． M と交代で S が退室する． C が遊ぶように，M がさそう． C が遊んでいれば，「バイバイ」といって M が去る． 合図がきても C が混乱していれば，M は C を遊ばせ，大丈夫だと思ったときに，退室する．
6	C	3 分または，以下	M との 2 回目の分離．
7	C, S	3 分または，以下	S が入室． C が遊んでいれば，S は椅子に戻ってすわる． 遊ばなければ，遊びにさそい，不機嫌ならなぐさめる．
8	C, M	3 分	M との 2 回目の再会． M はドアをあけ，子どもの名前を呼ぶ．そして「おいで」と呼びかけて，C の反応を待つ．その後，子どもと遊ぶ．

C＝子ども，M＝母親，S＝見知らぬ女性，E＝実験者
（出所）Ainsworth らの文献（1978）での説明にもとづいて作成

③子どもを実験室でひとりにすること、の3種です。これが「ストレンジ・シチュエーション」と名づけられた所以です。SSPの分析では子どもの見せるすべての行動(しぐさ、表情、発声など)に注意が払われます。

特に注目される子どもの行動は次の3点です。

1 子どもにとって母親は不安を軽減するような安全地帯になっているか＝エピソード2と3で子どもが母親を見たり、母親に近づいたりして、実験室や見知らぬ女性が引き起こす緊張を和らげる働きを母親がしているか。

2 子どもは母親と見知らぬ女性を明確に区別しているか＝エピソード3、4、7において、母親への行動と見知らぬ女性への行動とに明らかに違いが見られるか。たとえば、見知らぬ女性を警戒して見つめたり、泣いたり、遊ぼうというさそいを拒否したりするか。

3 子どもは母親を受け入れ一緒にいることを好むか＝特にエピソード5と8の母親との再会場面で、母親が部屋に戻ってくると、泣いていてもすぐに泣き止み、躊躇なく近づいたり、笑顔を見せたり、抱っこをせがんだりして、喜んで迎えるか。

これらの行動が見られるかどうかを録画から判断しようというのです。

SSPは生後12〜18か月くらいまでの子どもの母親への愛着の質の測定に使われてきました

が、最近は生後15か月くらいで見るのがもっともよいとされています。人間なら誰でもよいと援助を求めていた乳児が、この頃になると援助してほしい「特別の人」として愛着の対象を明らかに選び、しかも、愛着の質も行動から理解しやすくなるというのがその理由です。

けれども、SSPは子どもが頭の中に母親との日常の経験をしまっておける〝表象〟の能力を発達させ始める2歳くらいからは、このままでは使えなくなります。たとえば、母親が退室しても母親のイメージを頭の中に持てるようになると、短時間の母親の不在には耐えられるようになりますので、SSPの持つ意味が変わってしまうからです。たとえば、私たちが23か月児をSSPで観察したところ、「ママ、ママ」と小さな声で呟くように繰り返したり、「ママー」と大声で呼んだりして、数分間なら母親との再会を待っていられたのです。そのために幼児では、母親と分離している時間を1時間程度にのばして、母親との再会場面だけをつくって、その時の子どものようすを観察するなどの工夫がされています。したがって、保育園に迎えにいった際の子どもの再会時のようすに注目してみると、迎えに来た人に対する子どもの愛着の質を知る手がかりになるでしょう。

愛着の質――安定型と不安定型

愛着の質は、安定型と不安定型とに大別されます。

安定型(Bタイプと呼ばれています)は、前述の1～3の内容を充たしているものです。母親と見知らぬ女性を明確に区別し、母親が安全地帯として働いていて、母親の存在を受け容れている場合です。SSPは多くの国々で実施されています。そして、日本を含めて多くの国で、子どもの6～7割は安定した愛着を持てていると報告されています。

不安定型には3種が区別されます。第一は、回避型(Aタイプ)です。このタイプの子どもは母親と見知らぬ女性とを区別せず、なかには見知らぬ女性との方が楽しそうなようすをみせたりします。母親との再会場面では、母親にそっけない、あるいは、避けているようすをみせます。母親が実験室に戻ってくると、わざわざ入口のドアとは逆の方向に行ったり、近づいても途中で止まってしまったり、抱っこをせがんだりしません。

第二はアンビバレント(両面価値)型(Cタイプ)で、このタイプでは母親と見知らぬ女性とを区別はしているものの、母親は充分な安全地帯になっていません。母親から離れることをいやがり、母親に再会すると抱っこされはしますが、しかし、母親にどこか不満があり、機嫌が悪く、抱っこされながら母親をたたいたり、渡された玩具を怒って投げたりするというように、母親に肯定と否定の両方の感情を持つタイプです。

愛着の質——無秩序型

Aタイプと Cタイプは不安定であっても、観察されている行動は母親を避けているなとか、母親が肯定と否定の両方の感情を引き起こしているなと、それなりに理解できます。これに対して、AともCとも異なる不安定型としてしばらくの間〝分類不能〟とされていた事例が集められて、第三の不安定型として無秩序型(Dタイプ)が注目されるようになりました。このタイプの子どもはSSPで異常な行動をするのが特徴です。とりわけ、母親を非常に恐れるようすをみせます。たとえば、母親と再会するエピソード5、特に8では、母親を見ると凍りついたような表情になったり、数秒間にわたって動作を止めたり、部屋の隅に行って壁に向かって目を閉じていたりなど、行動に大きな混乱やさらには異常な行動(床にうつ伏して大泣きをしたり、壁に繰り返し頭をぶつけたりなど)も観察されます。

Dタイプはサンフランシスコ湾周辺の家庭の子どもでは1割程度であったと報告されています。私たちが東京周辺の子どもで調べたところでも、やはり1割強のこのタイプがみつかりました。そして、母親に虐待されている子どもの場合には8割近くがDタイプであったという報告があります。

無秩序型はたしかに心配なタイプではありますが、心理療法や環境の改善によって回復する可能性があるとも報告されています。したがって、愛着の質は安定しているのが子どもにとって望ましくはありますが、たとえDタイプであっても悲観することはありません。

愛着障害との区別

ここで注意しておきたいのは、Dタイプを愛着障害と呼んだり、それと混同したりしてはいけないことです。SSPで母と子が測定されているのであれば、問題にされているのは子どもの母親への愛着の質です。もしもDタイプと判定されれば、あくまでも母親への愛着がDなのであって、人間一般への愛着がDであるというわけではありません。つまり、SSPで測定されているのは母親への愛着の質です。したがって、誰にでも最小限にしか反応しない時に疑われる「反応性愛着障害」とは別のものです。

愛着理論やその測定法では愛着障害は問題にできないと、愛着の研究者は特別に論文を書いて注意を喚起しています(Granqvist et al., 2017)。特に最近の日本では、愛着障害という言葉が安易に使われる傾向があります。専門家の丁寧な診断が必要ですし、診断が下った時にもセカンドオピニオンをとるなど、慎重な対応が望まれます。

3　母親の神話の真実

安全・安心をもたらす人は母親であるべきだと考えたボウルビィは、母親、母子関係についての明確な仮説を持っていました。その仮説が母親偏重主義であったために、ボウルビィは母親、母子関係についての神話に科学的根拠を与えている専門家として利用されてきました。以下では四つの点から、母親の神話を新しい証拠によって検討してみましょう。

母親だけが愛着の対象か

すでに述べてきたように、ボウルビィは安定した愛着の対象は母親であるはずだと強調しました。しかし、さまざまなデータが集められた結果、この仮説には修正が加えられ、現在では、母親だけが愛着の対象であるとした彼の「母親単一対象説」は否定され、母親偏重説が修正されました。特に、次の二つの事実が重要です。

第一の事実は、愛着が向けられる対象は母親に限られないことです。

一所懸命に世話をしているのに、子どもが自分に懐いてくれないという母親の悩みが、子育て相談によく寄せられます。母親を特別視する日本では、子どもから好かれない母親の悩み、悲しみ、時には、怒りも報告されます。けれども、〝お父さん子〟や〝おばあちゃん子〟は珍しいわけではありません。母親に代わる愛着の対象があれば、子どもには問題はないので、落ちついて受けとめましょう。

子どもは父親、祖母、年上のきょうだい、時にはいつも遊びに来ている近所の少女など、いろいろな人を愛着の対象として選ぶことがあると報告されています。そして、保育園などに通っている子どもでは保育士も愛着の対象になっているという報告もそろってきました。愛着を測定するSSPの実験室に、父親、保育士などに入ってもらって、母親以外への愛着の質を測定する研究がされるようになったのです。もしも、祖母と子どもをSSPで観察すると〝おばあちゃん子〟の祖母への愛着がたしかめられることでしょう。また、SSPでは母と子を観察していたために、愛着の質が不安定型だと判定されてしまった子どもの中には、実は、愛着の対象が母親以外の人であった子どもが含まれていた可能性もあります。

さらに、近年増えているのが養子の養母への愛着の研究です。ある研究では、誕生から生後20か月の間に養子になった子どもが、養子になって3か月以上たった生後12か月時か24か月時に愛着を測定したところ、52％の子どもが血縁のない養母に、安定した愛着を持つようになっていたと報告しています。しかも、生後何か月で養子になったかという時期には関係がなかったということです(Dozier et al., 2001)。4〜7歳で養子になった場合でも、7〜8か月もすると養母への愛着がみられるようになったという報告もあります。つまり、この時期でなければ愛着が成立しないというういわゆる〝敏感期〟があるわけではないこともわかりました。

第二の重要な事実は、数人の愛着の対象を同時に持つ場合があることです。英語では愛着をアタッチメント(attachment)といいますので、アタッチメンツ(attachments)と複数で表現されることが増えました。

たとえば、欧州の研究者たちは保育士への愛着と母親への愛着との両方が測定されている約700人の子ども(平均年齢は29・6か月)の資料を分析しました。その結果、保育士には50％の子どもが、母親には60％の子どもが、安定したBタイプの愛着を示していると報告していますす。しかも、両者の関連は弱く、子どもは母親への愛着とは無関係に保育士にも愛着を向けていることがわかりました(Ahnert et al., 2006)。

愛着理論では、アタッチメンツであるという事実を説明するために、愛着の対象は、「最も大切で他の人には代われない人」とそれを「補佐する人」、というように、愛着の対象に順位があると考え始めました。愛着の対象とは生存のために安全・安心を支えてくれる人です。この定義からすれば、このようなきわめて重要な心理的働きをする役を複数の人に漠然と分散していたのでは、いざという時には役に立たないでしょうし、だれが自分の世話の責任を持ってくれるかわからなければ子どもも心細いことでしょう。そう考えれば、主の人と従の人というように順番を決めておいた方が、心理的な効率がよいであろうと納得できます。

愛着の質には連続性があるか

ボウルビィは乳児期の愛着の質がその後の愛着の「原型」になると主張しました。原型になるというのは、乳児期の母親への愛着の質が、その後の愛着の内容をも決めるという意味で、もしもこれが事実であれば大変なことです。そしてさらに愛着理論では、愛着の質は母親の養育行動をとおして子どもに伝えられるので、母子の愛着の型は一致するという愛着の世代間伝達をも主張しました。これは発達の連鎖を仮定することになるので、重大です。ところが、これらの連続性についての二つの仮説はいずれも実証的証拠によっては支持されませんでした。

発達の質の連続性を否定した強力な証拠のひとつは、愛着を測定された赤ちゃんたちが青年や成人に達するまで追跡した縦断研究の結果です。たとえば、連続性を想定していた米国ミネソタ大学の縦断研究では、生後12か月、13歳、19歳、23歳と愛着を測定したところ、愛着の質が変化することがわかりました。そして、愛着の質の連続性は、子どもが生活している「環境の質に連続性があれば」維持されるという結論になりました(Sroufe et al., 2005)。その他の欧米の研究も、乳児期の愛着の質は不変ではなく、子どもの成長の過程での出来事(たとえば、親の離婚)によって変化しうることを示しています。

私たちは札幌市の乳児の愛着をSSPで生後12か月の時に測定し、子どもが19歳になった時に成人用の愛着面接法で測定し、両時期での愛着の型の関連を調べました(高橋ほか、2009)。結果は**表2-2**のようになりました。表にみるように、2時点での測定には関連がなく、愛着の質は成長とともに変化することがわかりました。しかも、注目されたのは表にみるように、青年たちの多くが安定した愛着型へと変化したことです。つまり、生後12か月の測定では28人のうち安定型が16人であったのに、19歳ではそれが24人になっていたというわけです。18年間の間にはいろいろな経験(たとえば、入学、転校、受験、就職、転居、怪我、入院、

表2-2　12か月時と19歳時の愛着の型

		19歳時の愛着の類型		
		安定型	不安定型	合　計
12か月時の愛着の類型	安定型	14	2	16
	不安定型	10	2	12
	合　計	24	4	28

(出所)高橋, 石川, 三宅, 2009

親の離婚)をしたことが、青年自身と母親から報告されました。しかし、これらの資料では、不安定型から安定型へと愛着の質が変わった理由を特定することはできませんでした。

14歳から24歳の間の縦断研究を使って、愛着の安定型を後押しした要因は何かを分析した研究は、家族の収入、母親の支援的な態度、母親との良好な関係、仲間(友人、恋人)との良い関係などが、24歳時の安定型と関連していたと報告しています(Allen et al., 2018)。私は、このような安定した生活環境に加えて、19歳になるまでの青年自身のまじめな努力という要因も重要だと考えています。

いくつかの研究は愛着の質が持続する期間が実はかなり短いことを示しています。たとえば、生後15か月と36か月の2時点で測定した愛着の質には、弱い連続性しか見られなかったという報告があります(NICHD, 2001)。さらに、約50人の子どもの生後14、24、58か月時の連続性を見た首都ワシントン近郊でなされた別の研究では、愛着の質は14か月と24か月では連続していたものの、58か月時の測定とは一部の子どもにしか連続性が認められなかったとしています(Bar-Haim et al., 2000)。つまり、愛着の質については、連続性よりも変化しやすさを示す証拠がそろいつつあることがわかります。

愛着の質の変化の可能性を示す第二の強力な証拠は、前述のように、不安定な愛着の型である無秩序型（Dタイプ）への治療的な働きかけが有効であること、回復が可能であることがわかってきた点です（Facompré et al., 2018）。

また、親子の愛着の質が一致するというもう一つの連続性の仮説、世代間伝達仮説を実証するためにも、20年にわたって多くの研究がされてきました。そして、２０１６年に、これまでに発表された世界中の研究から、資料が充分にそろっている95の研究（研究の協力者は約５００００人）を選んで、親子間の愛着の質が一致するかどうかを分析した結果が報告されました。それによると、親子の愛着のタイプ間には予想よりも弱い関連しかないことがわかりました（Verhage et al., 2016）。一般には、仮説を支持しなかった研究は学術雑誌には掲載されない傾向がありますので、この仮説を支持しなかったまだ多くの研究があったに相違ありません。愛着の世代間の連鎖も支持されていないと考えるべきでしょう。

安定した愛着には「母の手」が一番か

すでに指摘したように、日本には子どもが幼いうちは「母の手で」育てるべきだ、という社会通念があることが気になります。実証研究は「母の手」がとりわけ有効であるとは示していないからです。

欧米でも、「母親にだけ養育されている子ども」と「日中の数時間を施設で養育される子ども」とを比較する研究が多数されてきましたが、結果はまちまちで結論を見いだせずにいました。１９９１年に米国の国立子どもの健康・発達研究所（ＮＩＣＨＤ）が計画した大規模な研究は、この問題に決着をつけることがねらいの一つでした。ＮＩＣＨＤ研究は全米で10か所の研究グループが協力し、合計千三百余人の子どもとその両親を対象に、生後１か月から15歳までの発達を縦断的に追跡した大プロジェクトです。10か所での研究内容をすべて厳密に同一にし、実施に手間のかかる観察や測定をも使って、慎重に資料が集められました。

このＮＩＣＨＤ研究では、多くの人が心配していた母親への愛着の質を、ＳＳＰで生後15か月時に測定しています。すでに紹介したようにＳＳＰは手間のかかる測定ですので１０００組以上の母子の資料が一度にとれたのは初めてのことでした。その結果、72％の子どもが安定した愛着（Ｂタイプ）であると判定されました。そして、この資料によって、「家庭でだけ養育された子ども」と「日中の数時間を施設で養育された子ども」との間には、愛着の質には差がないことがわかったのです（NICHD, 1997）。

そしてまた、現在まで、多くの研究者がＮＩＣＨＤの資料を使って子どものさまざまな発達について検討していますが、そのうちの一つでは、母親が０歳時から働いていること、そして、その間に子どもが保育施設で養育されていることは、子どもの（少なくとも、この研究が扱った）7歳までの発達には何ら特別な影響を与えていないという結果を報告しています（Brooks-Gunn et al., 2010）。この問題については第5章でさらにくわしく検討します。

母性愛の実態

ここまで乳幼児の発達において、母親をそれほど特別視しなくてもよいという証拠を紹介してきました。しかし、母親には母性愛があるのではないか、自ら母親であることを好んで引き受けているのではないか、あるいは、引き受けさせられているのではないか、などと考える読者があるかもしれません。そこで、母性愛について検討してみましょう。

そもそも、母性愛とは何をさすのでしょうか。

パリで活躍しているエリザベート・バダンテールは、歴史学、社会学、心理学など広い学問分野を背景にして著書『母性という神話』（鈴木晶訳、１９９８年、ちくま学芸文庫。原題は『付け加えられた愛――17～20世紀の母性愛の歴史』１９８０年）を著わし、母性愛の起源について探っています。彼女は出版された本や時代の風潮をたどって、母性愛とは「すべての母親は子どもにたいして本能的な愛を抱く」という感情をいい、18世紀半ば以降の社会によって作られたものであって、母親だから母性愛があるとする根拠はないと指摘しました。

では、このような便宜的に作られた母性愛という感情を、子育て中の日本の母親はどの程度肯定するのでしょうか。

母性愛について研究を進めている発達心理学者の江上園子は「母性愛信奉尺度」を提案しています。**図2-3**はその尺度と幼児（2〜6歳児）の母親1260人（北海道と福岡県の市部の在住者で、53％が専業の母親、20％が常勤職を持つ母親）の結果を示しています。この尺度は図に見るように13項目で構成されています。それぞれの項目について5段階（1ぜんぜんそうは思わない〜5まったくそのとおりだと思う）で回答し、得点が高いほど母性愛という感情を肯定していることになります。ぜひ、あなたも試してみてください。その場合には、図の中の各項目の番号が小さい方から順に答えてください。

この尺度は最高が65（5点×13項目）点、最低が13（1点×13項目）点、すべての項目にどちらともいえないと答えると39（3点×13項目）点になります。したがって、合計が40点以上になると、母性愛信奉傾向を肯定していることになります。江上の報告では、調査に協力した母親の合計点の平均は42・0点で、調査に協力した母親たちが母性愛を信奉する程度はそれほど強くはないという結果でした。

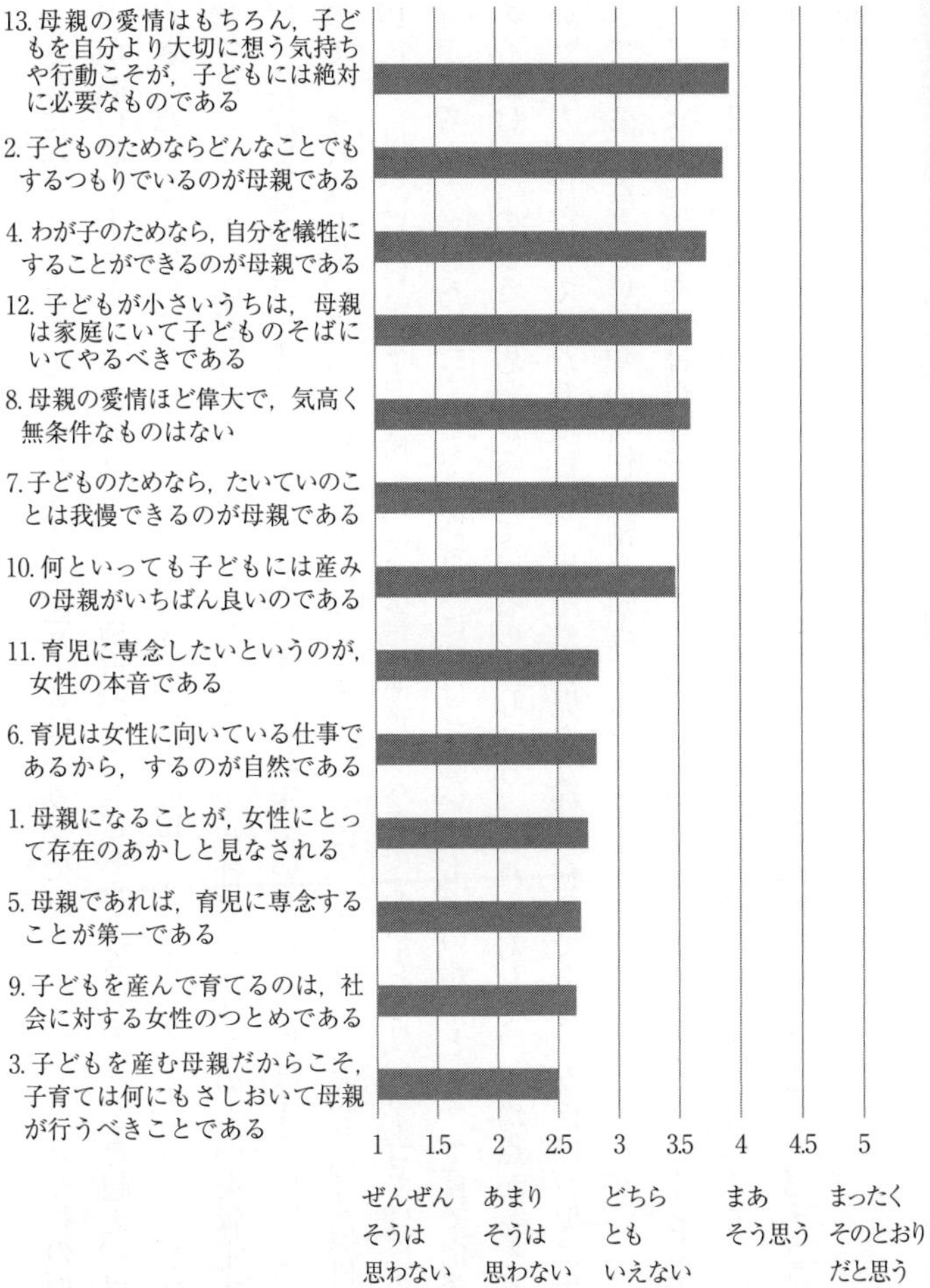

（出所）江上，2017

図 2-3 「母性愛信奉尺度」と幼児の母親の回答

さらに項目ごとにみてみましょう。**図2-3**はグラフにみるように、それぞれの項目の平均点が高い順に上から並べてあります。平均点が3点(どちらともいえない)を超え、母性愛が肯定されたのは7項目でした。そのうちの5項目(項目13、2、4、8、7)は、いずれも「自己犠牲的に子どもに献身するのが母親である」という、母性愛の感情そのものを肯定する、いわば、「母性を神聖視」する項目です。5点満点の評定でいずれも平均は4点に達してはいないので、それほど強い思いではないとはいえます。そして、肯定された残りの2項目(項目12、10)は、母親は幼い子どもの傍にいて養育にあたるべきであるという、「子育ては母の手で」を肯定するものでした。「子どもを保育園に預けて働いてもよいか」という子育て相談での母親の心配は、このような思いからきているのでしょう。これに対して、平均点が「そうは思わない」の方に片寄っていた6項目は、出産や育児を女性の務めである、女性は育児に専念するべきである、などという類の女性役割を強調する項目でした。

このように、現在では母性愛を信奉する傾向は、尺度全体でみると、少なくとも若い母親世代ではそれほど強くはないことがわかりました。しかし、母性愛の核ともいえる「母性を神聖視」する部分が支持され、「子育ては母の手で」とする傾向があることは、考えさせられる結果です。

若い母親たちが、出産や子育てを理由に女性を家庭に閉じ込めるという性別分業の考え方に同意しないのは、明らかな進歩だと思います。母親が高学歴になり、就労経験を持ち、ジェンダーについての教育を受けてきた、などの成果ともいえるでしょう。しかし、なぜ母親たちは、「母性の神聖視」や「子育ては母の手で」という発想から脱することができないのでしょうか。

母親たちは、子育てに協力的ではない配偶者、改善されない就労状態、そして、何よりも、待機児童の解消や保育施設の整備などを一向に実現できない政治、これらの大きな壁に直面しています。「保育園落ちた日本死ね」が新語・流行語のトップテンに選ばれたのは２０１６年でした。しかし、事態が改善されたとは思えません。母親がこのような現実に憤慨したり戸惑ったりしても、目の前の幼い子どもは待ったなしに日々のケアを必要としています。母親は子育てを担っていかなければならないのが現実です。その母親がこのような「母性の神聖視」や「母の手で」という発想を、自分をなだめる大義として使っている可能性はないでしょうか。なぜ若い母親が母性についてこのような心境になるのか、今後の解明が必要です。

4 安定した愛着を育てる

安定した愛着のイメージ

ボウルビィの母親に関する仮説が修正されたからといって、人間にとっての愛着の価値が下がるわけではありません。安全・安心を求めるという愛着の要求がしっかり充たされるということは、乳幼児に限らず、人間が生きていくために欠かせません。おとなでも、自分の存在を認め支えてくれ、その人(たち)のことを考えたり、実際に会ったりすると、気持ちがほっとするような「安全地帯」を求めていることでしょう。実証研究によって否定されたのは、愛着の対象が母親でなければならないとか、安定した愛着をつくるのは母親であるとか、母親との間の愛着の質が将来を決定してしまう、などという母親偏重説です。

図2-4はエィンズワースが最晩年まで所属していたヴァージニア大学で、マーヴィンらが愛着の対象が安全地帯として働くとはどのようなことかを絵にしたものです。マーヴィンらの「愛着のクリニック」を訪問した時、この図をカラーで印刷したA5判くらいの大きさのマグネットの板を見せてくれました。愛着の問題で訪れる親に、これを家の冷蔵庫の扉に貼って、

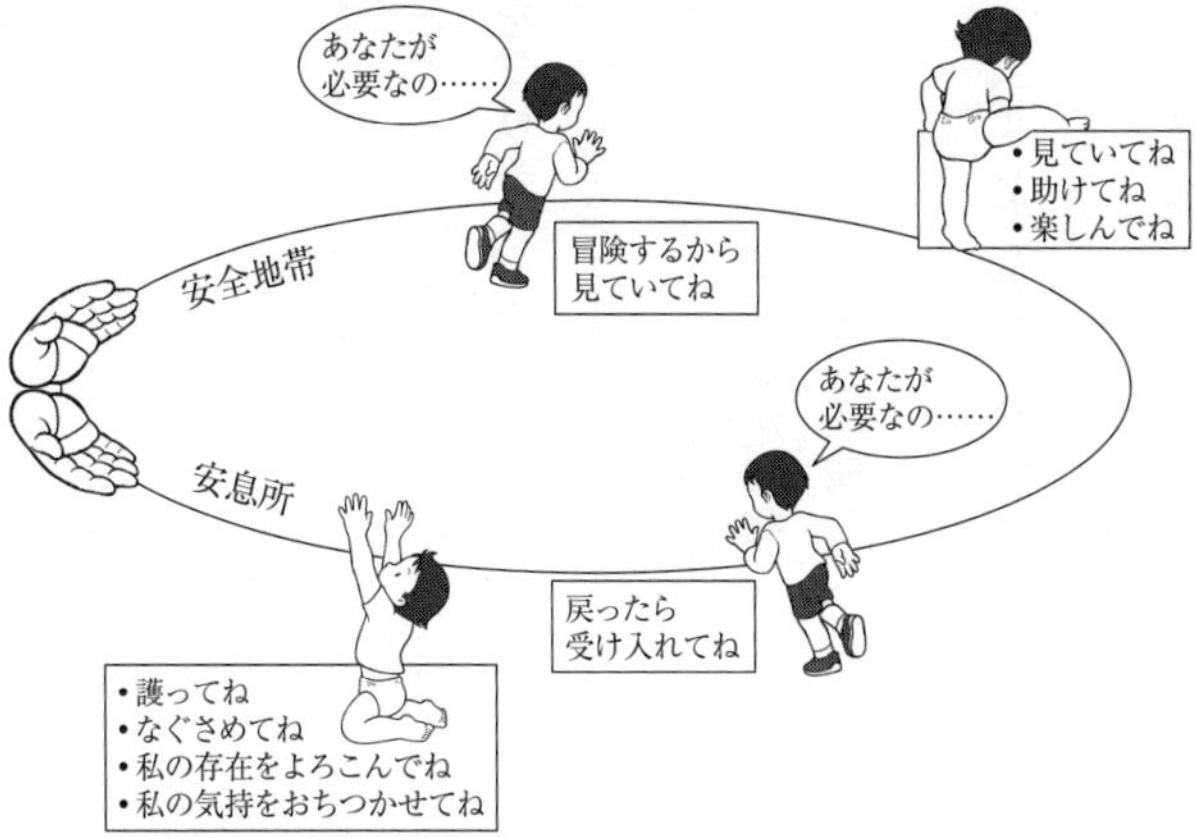

（出所）Marvin et al., 2002 をもとに作図（高橋，2003）

図 2-4　安定した愛着の仕組み

子どもの愛着がどのような状態かをときどき考えてみるように勧めているのだということでした。

　図2-4の楕円の左に描かれた掌で表現されているのが愛着の対象です。掌が質の良い安全地帯であれば、図の上半分に描かれているように、子どもはいざとなったら助けてもらえると信じて、勇気を得て、安全地帯から離れて探索行動をします。しかし、不安になると、図の下半分のように、安全地帯に戻ってきて安全・安心を得るというのです。これを安全地帯が充分に働いている状態、つまり、「安定した愛着」の場合だというわけです。もしも安全地帯の質が悪ければ、子どもは心配でそこから離れることができないかもしれませんし、あるいは、安

全地帯があてにできないと思えばそこを離れてしまい、不安になっても戻るところがなくなってしまうでしょう。これらが「不安定な愛着」の場合だというわけです。安定した愛着をこのようなイメージとして持つことは有効だと思います。

たとえば、甘えん坊で困る、抱き癖がつくのが心配だ、という子育て相談の事例を考えてみましょう。子どもがしつこく抱っこをせがむのは、安全地帯に充分に満足できていない場合だと考えられます。そのような時に大切なのは、充分に安全地帯に居させてやることです。甘えを受け容れ、抱っこを好きなだけすることが重要です。するとやがて子どもは安心を取り戻し、図の上半分に描かれているように安全地帯から出ていきます。人間の子どもは、好奇心があって、自ら活動する性質を持ち、探索行動を好むからです。子どもが楽しそうに探索行動をしない時には、子どもが生活している環境が単調すぎないか、あるいは、物が多く雑然としすぎていないか、なども点検してみましょう。養育環境については第5章で詳しく検討します。

安定した愛着のために

では、どうしたら安定した質の愛着を手に入れることができるでしょうか。

まず、愛着の質に遺伝がかかわっているかを検討した研究があります。１１０組の双生児の愛着を3歳半で測定したところ、一卵性双生児では70％、二卵性双生児では64％の愛着の型がペア間で一致したと報告されています(O'Connor & Croft, 2001)。遺伝的に同じである一卵性のペアの方が愛着の質がとりわけ一致しやすいという結果にはなりませんでした。つまり、愛着の質には遺伝の影響がそれほど強いとはいえないことを示しました。

愛着の質には、子どものストレスの感じやすさ、あるいは、動揺しやすい素質が関連するのではないかという問題が長く検討され、これを支持する結果がでています。SSPのような人工的に不安を作る方法で愛着を測定すれば、動揺しやすい素質を持つ子どもは、不安定型だと判定される可能性があるというわけです。納得できる結果だといえましょう。したがって、気が小さいな、繊細だな、神経質だな、などと思われる子どもの場合には、実験室での測定にも注意が必要です。そして、日頃の子どもの愛着行動にも、よりやさしく丁寧に応じるなどの気配りが必要です。

養育者の影響として注目されているのは、養育者が子どもの心の状態に敏感であると安定した愛着が育つ、という仮説です。これは愛着の測定法を考案したエィンズワースによって指摘されました。エィンズワースは安定した愛着を実現させるのは母親の「敏感性(sensitivity)」であるとしたのです。敏感性とは、母親が①子どもが送るさまざまな信号に気づき、②信号の意味を正確に理解し、③信号に正しく、④すみやかに反応することだとしました。つまり、母親が子どもの発する信号（全身の状態、しぐさ、表情、発声などによる）にすぐに気づいて、それを受け容れて、子どもに共感するような対応をすることです。エインズワースは敏感性と安定した愛着は極めて強い関連があるというデータを報告しました（Ainsworth et al., 1978）。ただしこの先駆的研究は、21人の乳児についての小規模な研究でした。

それでも、エインズワースによって高い関連が報告されましたので、乳幼児に母親が食事をさせている場面、母子が家庭や実験室で遊んだり課題をしている場面などを観察したりして、敏感性の程度と愛着の質の関連について多くの実証的な検討がされてきました。

そして、最近では、これまでの研究をまとめて分析する論文が出始めました。いずれの論文も養育者が子どもに敏感であることは大切だが、これだけでは愛着の質は説明しきれないというものでした。たとえば、まとめの分析をした研究のうちの一つが２０１７年に発表されました。この研究では、最近20年間の研究を分析し、敏感性の程度と愛着の質の関連は弱いという結果を報告しました（Zeegers et al., 2017）。

特別にがんばらずに育てる

研究者は「どのように応じれば安定した愛着が手に入るか」を知るために努力してきましたが、まだこれだという決定的な要因を探し当てていません。読者はもどかしく思われることでしょう。私は安定した愛着を育てるには、特別にがんばらずに、養育者がそれが普通だと思う子育てをすればよいと考えています。

そう考える理由の一つは、乳児は可愛がられ、養護される要素をたくさん持って生まれ、おとなは子どものこの小さく、愛らしいようすにひかれて、世話をやくという性質を持っているからです。人間は進化の過程で幼い、弱いものを慈しむという性質を発達させてきたといえます。そうでなければ種が途絶えてしまうからです。つまり、特別なことをしなくても、養育者と子どもの間にはよい相互作用が生まれるようになっていると考えられます。

理由の第二は、一般の家庭で育つ乳児では6、7割が安定型のBタイプだという事実です。つまり、安定した愛着のためにと特別にがんばらなくても、日常の必要な世話をしていれば、乳児は安定した愛着を持つように育つということです。しかも、SSPでは母親の愛着しか測定していませんので、お父さん子やおばあちゃん子は不安定型だと判定されているおそれがあります。母親以外の人を安定した愛着の対象にしている子どもを含めると、おそらく、8、9割の子どもはBタイプであろうと予想できます。

がんばらない子育ては、よく整備された養育環境で、養育者や保育者が安心して子どもに接することで実現できると考えます。養育環境については第5章で扱いますが、子どもの身体状態が順調で、機嫌がよければ、子育てはうまくいっているということです。これは家庭でも保育施設でも、同様です。

＊　＊　＊

産業革命が生み出した男性を稼ぎ手に、女性を家事・育児に、と割り振る性別役割分業の政策は、女性の社会進出にともなって、さすがに日本でも改められつつあります。残されているのは子育てにおける母親の役割の偏重です。母性愛の調査でみたように「子育ては母の手で」という考え方が若い母親にもまだ残っているのです。子育て相談では父親は暴力的で困るなどという場合を除いて、登場することはごくまれです。父親は子どもの世話をする人、子どもを可愛がる人、子どもの遊び相手、そして、母親の相談相手としても、まったくあてにされていません。まるで父親は子育てにはいらない人のようです。

本章では、子育てを母親の役割だと考えることには根拠がないことをデータで示してみました。日本の女性がとりわけ子ども好きという証拠もありません。子どもの世話を専業でする女性ほど育児不安が強いことも報告されています。日本の働き方や子育てについての政策は劣悪ですが、その政策を支持してしまっているのは市民です。

愛着という概念を利用して、母親に子どもの世話を押し付けることを正当とする根拠はないことを述べました。ボウルビィの母親偏重の主張には誤りがあったのは事実です。しかしだからといって、愛着という概念を設けて人間の重要な心理を扱うことを提案した彼の仕事の価値が低められるというわけではありません。仮説が新しい資料によって修正されるのは当然のことです。ボウルビィは愛着によって、人間には生涯にわたって心の安全地帯が必要であることを気づかせました。この安全地帯が、母親でなければとか、血縁のある家族でなければ、などと決めつけないようにしようというのが、新しい資料による提案です。

次章では、愛着を含めた人間関係について、子どもからもらった資料をもとに述べることにします。その中で、なぜお父さん子やおばあちゃん子が出てくるのか、母親はどう考えたらよいのかについても考えてみましょう。

第3章

幼児の人間関係

子どもからの報告

家庭、学校、職場、そして、近隣社会など、どこにおいても人間は多くの人とつき合ったり別れたりします。いろいろな人々と、深くあるいは浅く、それぞれの仕方で接しているでしょう。人間関係は生活と切り離せません。したがって、心の状態に人間関係がかかわることが多くなり、生活上の問題が人間関係の悩みとしてとりあげられることにもなります。

幼児も例外ではありません。たとえば、子育て相談では、「甘えん坊で困る」「母親の後を追うのでトイレにもいけない」「人みしりが激しい」と母親への密着を心配する訴えが多いのですが、他方では、「母親に少しも懐かない」「ママは嫌いという」「おばあちゃん子で甘やかされている」などという母親への関心が弱いという悩みもあります。そしてさらに、「引っ込み思案だ」「友だちとうまく遊べない」「幼稚園に通うのをいやがる」などと、子ども仲間や集団との関わり方についての心配も寄せられます。

このような問題の真の意味を理解するためには、人間関係の「心の内の仕組み」がどのようなものであるかを知る必要があります。特に重要なことは、1歳半頃からの子どもは、いろいろな事柄を頭の中で処理する表象能力が働くようになるために、心の内の状態をそのまま行動として外に表さなくなることです。したがって、人間関係は観察できる対人行動だけからでは理解できにくくなります。何がおこっているのか、人間関係の心の状態について知ることが必要になります。

本章では、まず人間関係の「心の内の仕組み」がどのようなものかについておとなを例にして検討し、それをもとに幼児の人間関係について考えることにします。

1　人間関係とは

親しい人間関係を測る――三重の円の図版

図3-1の図版は、人間関係の心の内を知るために米国ミシガン大学の心理学者ロバート・カーンとトニー・アントヌッチが考案したものです。この図版を用いて、まず、あなたの人間関係の内容を調べてみましょう。
三重の円の図版の中央にあなたをおきます。もっとも内側の円には、あなたにとってもっとも大切な人、その人なしの人生は考えられないくらい重要だと感じている人を何人でも挙げてください。それが終わったら、次の2番目の円に、重要さの程度はやや弱くなってもなお大切な人を何人でも挙げてください。そして、それが終わったら、3番目の円に、程度はさらに弱くなるものの重要な人を何人でも挙げてください。

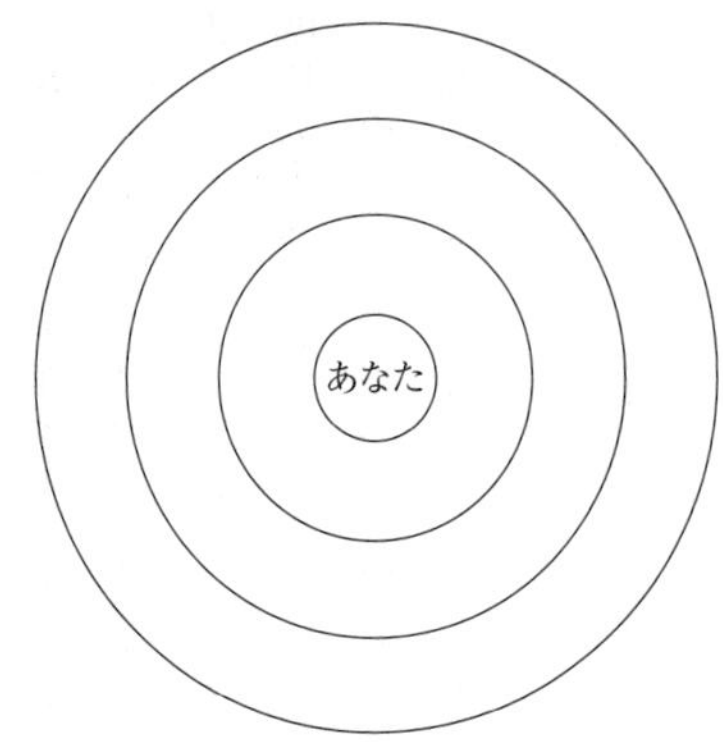

(出所)Kahn & Antonucci, 1980

図 3-1　人間関係を測定する三重の円

3番目の円までの指名が終わったら、次には、あなたが挙げたそれぞれの人について明らかにします。あなたとの関係はどのようなものか、いつからの知り合いか、とりわけどういう理由で大切か、その人があなたにとってどのような心理的な働き(以下ではこれを「心理的機能」と呼ぶことにします)を果たしているか、を考えてみてください。

正式には、この図版を見せながら面接調査によって資料を集めます。それぞれの人の心理的機能まで尋ねると、90分程度の面接になります。この方法で、それぞれの人の持つ人間関係の内容が明らかになります。

複数の「重要な他者」

あなたが三つの円に挙げた人々はそれぞれ何人いるでしょう。そして、三つの円の合計は何人になったでしょうか。

アントヌッチらと協力して、私たちが日米の8歳から93歳までの住人（日本では横浜市とその近郊の住人、米国ではデトロイト市とその近郊の住人）それぞれ合計千八百余人について調べたところ、日米の結果はよく似ていました。第一の円には平均して4人くらい、第二の円には3人くらい、第三の円には1人程度が入れられました。年齢にそって整理をしてみると、定年退職する60歳代から日米ともに合計人数が少しずつ減っていきますが、80歳を超えても、なお複数の重要な人が報告されることがわかりました（Antonucci et al., 2004）。つまり、人は生涯にわたって複数の「重要な他者」を持っていることがわかりました。

しかし、これらの人数はいずれも平均値です。ひとりずつの回答に注目すると、挙げられた人数は人によってちがいます。たとえば、趣味で合唱を楽しんでいる人がサークルの仲間をたくさん挙げて合計が数十人になることがありましたし、反対に、他人とのつきあいが少ないとして三つの円の合計で3人しか挙げない人もいました。調べてみると、合計人数が多い人の方が精神的に健康であるというわけではないことがわかりました。しかし、第一の円に誰も入れない人、各円にひとりずつしか挙げない人など、極端に「重要な他者」が少ない人は、孤独感やうつ傾向が強いことがわかりました。

さまざまな種類の「重要な他者」

あなたは三つの円のそれぞれに誰を挙げたでしょうか。この点についても、日米のデータはよく似ていました。全体の傾向を日米でみると、子どもから高齢者まで、よく似た種類の人が選ばれていることがわかりました。第一の円に挙げられることが多かったのは母親、父親、女友だち、そして、既婚者では配偶者、子どもなどでした。第二の円にはきょうだいと別の女友だちが挙げられ、第三の円には親戚の人、さらに別の女友だち、職場の仲間などが挙げられました。しかし、これはあくまでも全員をまとめた一般的な傾向です。

それぞれの人が「重要な他者」を選びますので、報告される内容はそれぞれに異なります。「重要な他者」として挙げられる人は、時や場所にとらわれず自由に選択されます。いつも近くにいる家族だからといって必ずしも選ばれるわけではありません。遠くにいる人、亡くなっている人、さらには、会ったこともない人などが選ばれることもあります。また、信仰を持つ人では神が選択されることもあります。大切なのは、誰をどのように重要かを決めるのは、それぞれの回答者だということです。したがって、誰を挙げてはいけないとか、誰を挙げないのはおかしい、などということはないのです。

「心理的機能」の割り振り

三重の円の図版を使った面接では、指名された「重要な他者」のひとりひとりについて、どのような意味で重要であるのか、心理的機能を尋ねます。その結果、興味深いことがわかりました。

第一に注目されたのは、三つの円に選ばれた人々は、「信頼できる」「困った時に励ましてくれる」「病気の時に心配してくれる」「相談に乗ってくれる」「一緒に活動すると楽しい」「困っていたら助けてあげたい」など、回答者の精神的な支えとなり、精神的な交流をするような心理的機能を果たしている人々だと説明されたことです。しかも、この図版の測定では、三重の円に指名する人たちを重要度について三段階に区別するようにとお願いしていますので、第一、第二、第三と外側の円になるにつれて、そこに挙げられた人の果たす心理的機能の重要度が段階的に減り、また、心理的機能の種類が異なったりもします。

第一の円に挙げられる他者は、存在を支える働きをするという意味で、いずれも人間関係の中核になっていると思われる人々です。第二の円に挙げられた数人は、精神的な支えとして頼りにされる程度は弱くなるものの、遊びや会話などをすることが楽しい相手だと、第一の円の人々とは別の機能が追加されもします。そして、第三の円に選ばれる人は、精神的な支えとして頼りにされる程度はさらに弱くなり、代わって、何かについて助けてくれたり、仕事を手伝ってくれたりなど、問題を解決するという点で必要な人だと説明されます。親戚、普通の友だち、仕事仲間などが挙げられ、この人たちは課題が終われば別の人と交代する可能性が大きいとされます。

第二に注目されたのは、それぞれの他者にはそれぞれに心理的機能が割り振られるのですが、特定の心理的機能を100％ひとりで果たす人はほとんどなく、それぞれの人は数個の心理的機能を、同時に、しかも濃淡をつけて割り振られているということです。

たとえば、第一の円の中でもっとも存在を支える機能を果たしているのは、第2章で検討した愛着の対象としての働きをする人に相当します。しかし、多くの場合、第一の円には愛着の対象の二番手、時には、三番手となる人も選ばれています。そして、一番手の愛着の対象には別の心理的機能も割り振られています。たとえば、一緒に旅行をしたい人、困っていたら助けてあげたい人などとです。こうして、それぞれの心理的機能は数人に割り振られ、割り振られた人々は、時に応じて互いに補い合って働く仕組みになっていると考えられます。このようにして、選ばれた数人がしっかり支えているので、人間関係の精神的支えは堅固になるのだと思われます。

2　人間関係の仕組み

愛情のネットワーク

親しい人間関係を三重の円の図版で調べてみると、おとなが心の内に持っている人間関係の「仕組み」が見えてきました。人間関係は、選ばれた数人の重要な他者で構成され、それぞれの他者には数種の心理的機能が濃淡をつけて割り振られています。それぞれの他者の心理的機能は、程度はさまざまながら重なっている部分があり、したがって、重要な他者は互いに関連しながら働くことになります。たとえば、ある機能を主に果たすことが期待されているAの都合がつかなければ二番手のBが働き、Bがそのような働きをしている時には、Bの本来の働きをその二番手のCが果たすというように、A、B、Cは心理的機能を果たすうえでつながっていることになります。このように重要だと選んだ人間関係のメンバーが互いに関連しあっている仕組みは「ネットワーク」と呼ぶのにふさわしいと考えられます(Kahn & Antonucci, 1980; Lewis, 1982)。

私は、この親しい人々でつくられている人間関係の心の内の仕組みを「愛情のネットワーク」と呼ぶことを提案しています。人間の存在を支えるような愛情をやり取りをする、親しい人間関係のネットワークの表象という意味です。

誰がどのように自分にとって重要であるかについて自分のネットワークの表象を持つと、なにごとかが起こった時に、誰に頼ればよいかが頭の中で明確になっていることになります。そこで、すぐにその人に相談するかもしれません。その人ならきっとこう答えるであろうと考えたり、あの人ならわかってくれるはずだと考えて、実際には相談しないということもあるでしょう。万一もっとも頼りにしている人の都合がつかなければ、二番手、時には、三番手がいることもわかっていますので、ひどくあわてなくてもすみます。

おとなはこのような「愛情のネットワーク」を頭の中に持っていると考えられます。このおとなの人間関係の仕組みをもとに、幼児の人間関係の内容を調べることにしましょう。

3　幼児の「愛情のネットワーク」――子どもからの報告

子どもの声を聴く

これまでの幼児の行動や発達の研究では、母親による報告を子どもの心の状態の資料として代用してきました。幼い子どもから直接に資料をもらうのは手間がかかるからです。あるいは、子どもの回答はあてにならないという研究者の思い込みもあったでしょう。

しかし、さまざまな資料を検討してみたところ、「母親の報告」と「子ども自身の報告」とはずれていて、時にはほとんど一致しないことがわかりました。母親はよく子どもを理解していないか、自分のメガネをとおしてしか子どもを見ていないか、あるいはその両方でしょう。つまり、親は自分がとらえている子どもを実際の子どもだとして接していることになります。したがって、幼児の愛情のネットワークの性質を知るためには、子ども自身から情報をもらう方がよさそうです。それには、子どもの愛情のネットワークの測定法を工夫しなければなりません。

私は前述の三重の円の方法を幼児に試してみましたが、このような作業は5歳くらいからできるようになるため、より年少の子どもには無理だということがわかりました。米国で三重の円の測定を試した研究者も同じ結論だったそうです。そこで、私は子どもの愛情のネットワークの性質を明らかにするために、PART（パート）と名づけた図版による方法を提案しました。なお、PARTには3歳6か月前後から子ども自身が答えることができます。

幼児の人間関係の測定

ＰＡＲＴは「絵画による愛情の関係検査(Picture Affective Relationships Test)」の略称です(高橋、2002)。これは子どもが「他者と愛情をやりとりしたい」と望むという親しい人間関係の内容を測定するものです。これによって、おとなの資料で明らかになった三つの性質、⑴愛情の要求を向ける複数の他者がいる、⑵他者としてさまざまな人が選ばれる、⑶重要な他者には心理的機能を充たしてほしいと願っている、について測定して、幼児が作っている愛情のネットワークの表象を捉えようとするものです。

ＰＡＲＴには幼児版と小学生版があり、それぞれに女児用と男児用とがあります。ＰＡＲＴでは、幼児でも答えられるように、それぞれの心理的機能を子どもの日常生活の具体的な場面の絵にして、その場面でのベストパートナーを尋ねるという方法で、心理的機能とそれを充たす他者とを関連づけて調べます。

ＰＡＲＴで扱う心理的機能は次の六つです。この六つは、親しい関係を持つ人はどのような心理的機能を果たすかについてのこれまでの資料や議論をもとに選んだものです。すなわち、前述の三重の円の面接資料、臨床心理学者の資料(Weiss, 1974)、発達心理学者の議論(Lewis, 1982)、加えて、日本の子どもから高齢者までの多くの調査協力者が協力してくれた私の研究をもとに、整理し選択したものです。
PARTの図版で描いている心理的機能は次の六つです。
機能①　一緒にいたい＝近くにいたい、一緒にいて安心したい。
機能②　心を支えてほしい＝心の支えとなってほしい。
機能③　存在・行動を保証してほしい＝「そうだ」「大丈夫だ」などと、自信をもたせてほしい。
機能④　激励・援助をしてほしい＝励ましたり、助けたりしてほしい。
機能⑤　経験や情報を共有したい＝喜びや悲しみを分かち合いたい。
機能⑥　ケア(養護)をしたい＝困った時には相談にのったり、助けたりしたい。
はじめの①から④までは他者から援助をもらうもの(自分←他者)、⑤は他者と感情や経験を共有するもの(自分⇄他者)、そして、⑥は他者を援助したいというもの(自分→他者)、つまり、親しい人間関係の心理的機能としては、他人からもらう、他人と共有する、そして、他人に与える、の3種を考えるということです。
人間は他人から援助されるだけではなく、他人と苦楽を共にし、時には他人の役に立つことで心が充たされるでしょう。そして、他者から援助をもらう機能②と③は「他者からの庇護を

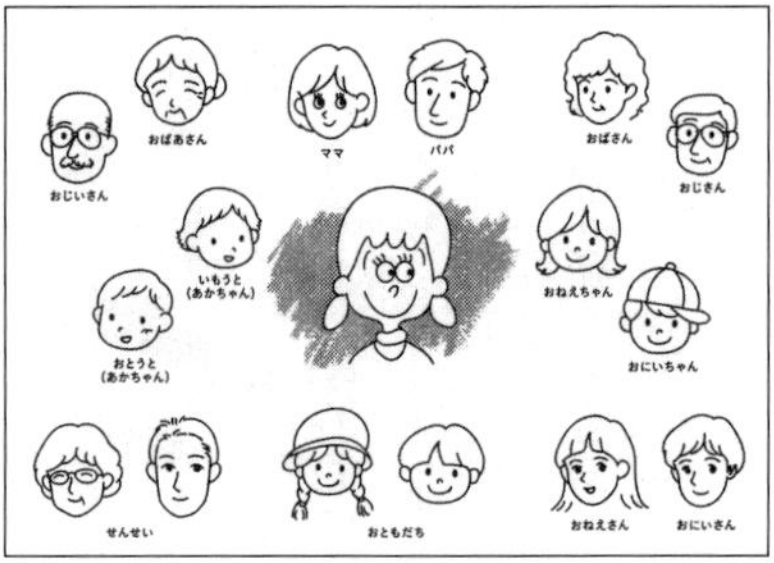

a. 説明のための図版（女児用）

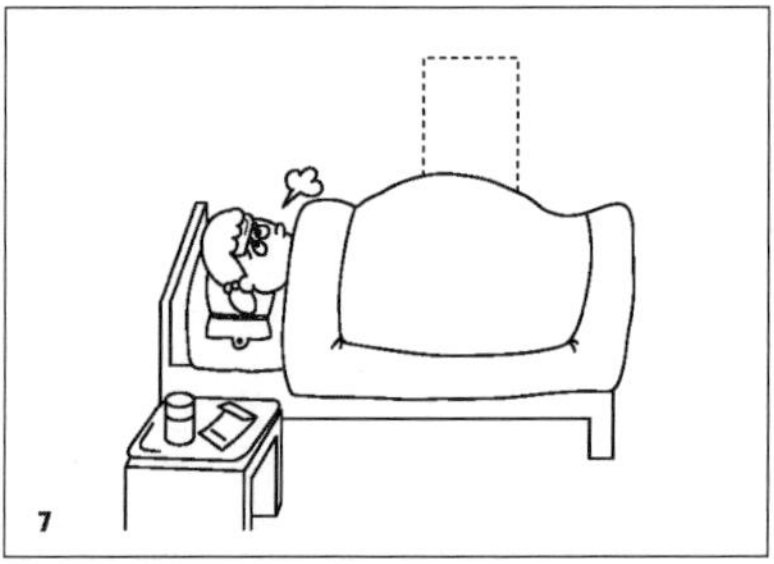

b. 図版（女児用）病気で熱が高くでた時

c. 図版（男児用）とても悲しいことがあった時

（出所）Ⓒ高橋惠子（http://www.keiko-takahashi.com/PART.htm）

図 3-2　PART の図版の例

求める」機能、つまり、精神的に支えられる機能であり、これは第2章で述べた愛着（生存のために安全・安心をもとめる）の要求を充たしてもらうことにあたります。つまり、「愛情のネットワーク」の機能には愛着がその一部として含まれているということです。

　PARTはこの六つの心理的機能をそれぞれ3場面で描き、合計18枚（6機能×3場面）の図版で構成されています。ただし、幼児版PARTでは心理的機能のうちの⑥（ケアをする）

は、まだ幼いために現実的ではないであろうという理由で除き、合計15枚の図版です。

図3-2にPARTの図版の例を示しました。いずれもA4判のモノクロの図版です。（PARTの説明と図版はすべてネット上で公開しています。必要ならダウンロードすることもできますので、アドレスは**図3-2**の（出所）を参照してください。）

図版を1枚ずつ見せながら面接によって測定します。まず、aの図版を使って、PARTのやり方を説明します。子どもの実際の家族構成を尋ねてから、図版aを見せながら「○○ちゃんのまわりにはいろいろな人がいますね」といって家族、親戚の人たち、幼稚園や保育園の友だち、先生などにふれながら「そういう人たちのことを思い出しながら答えてください」と身近な人々を思い出して答えるように励まします。

そして、「これから絵を見せます。絵の中の子どもは○○ちゃん（子どもの名前をいいます）だと思って下さい。それぞれの絵の四角の中に（図の点線の部分をさします）、もっとも来て欲しい人はだれかを答えてください」といって、図版を1枚ずつ見せながら尋ねていきます。友だちや先生というような名詞、あるいは、愛称や固有名詞で答えたりした時には、それが誰であるか、本人との関係がわかるように聞きながら進めます。

このようにPARTはそれぞれの心理的機能を果たす人が誰であるかを挙げてもらい、

「人」と「心理的機能」とが結びついたネットワークとして、子どもの人間関係を捉えようとするものです。幼児用PARTでは、15枚の図版である人が何度挙げられたかに注目すれば、それぞれの人に対する愛情要求の強さを知ることができます。さらに、どの心理的機能の図版で挙げられているかを見れば、ネットワークを構成するそれぞれの人の心理的機能がわかることになります。

PARTは内外の研究者によって使われ、たくさんの資料が集められてきました。3・5歳から6歳までの愛情のネットワークを検討する本章では、東京とその近郊に住む中間層の65家庭の両親と子どもに協力してもらった、私たちの縦断研究の資料を主に紹介することにします。研究はPARTに子どもが答えられるようになった3・5歳時に始め、その子どもたちが4歳、5歳、6歳に達した時に、つまり、同じ子どもを追跡して計4時点で測定したものです(Takahashi et al., 2005)。

重要だと挙げられた人々

図3-3は3・5歳から6歳までの各時点で子どもがPARTの15枚の図版で何種類の他者を挙げたか、その平均値を表しています。図を見ると3・5歳でも3種類以上の重要な他者を

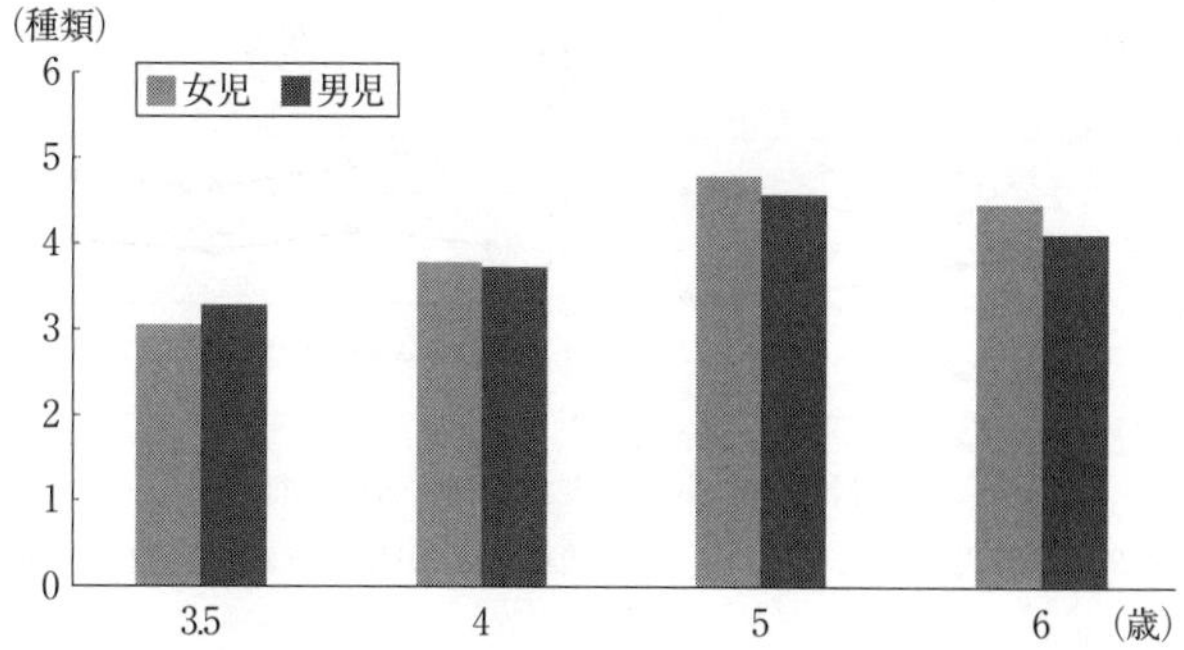

図 3-3　PART で挙げられた 3.5〜6 歳時の他者の種類の平均値

挙げていることがわかります。挙げられた人の種類はもっとも少ない子どもでは1種類、最大は6種類でした。15枚のすべての図版で同じ1人だけを挙げたのは、3・5歳時に2人と5歳時に1人いました。この3人はいずれも15枚のカードで友だちを挙げました。すべての図版で母親を挙げた子どもはいませんでした。グラフに見るように、保育園や幼稚園での生活に慣れる5、6歳時点で挙げる人の種類がやや増えていることがわかります。友だち、先生などが新たに加えられています。男女差はわずかですが、女の子の方が5、6歳頃から報告する人の種類が多いことがわかりました。

では、子どもは誰を重要だと挙げたのでしょうか。母親、父親、友だち、そして、「一匹狼傾向」(人間関係に関心が少ない傾向で、PARTの質問で「ひとりがいい」「だれでもいい」「わからない」などという回答数の合計で算出)の4種類について、それぞれが挙げられた回数に注目してみましょ

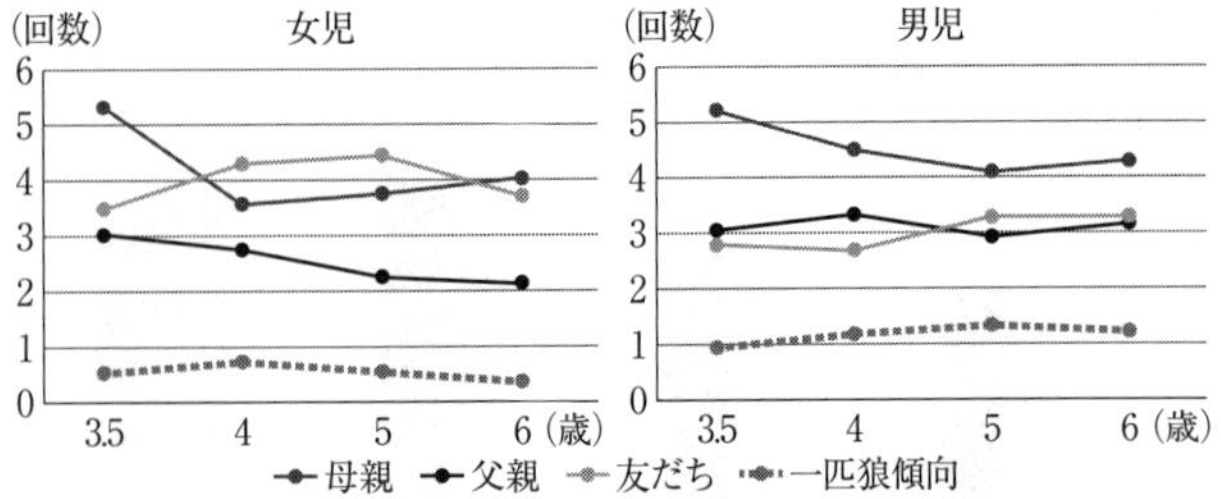

図 3-4　母親，父親，友だち，「一匹狼傾向」が報告された回数の平均

う。結果は図3-4のとおりです。

まず注目されるのは、男児では3・5歳から6歳時点までのどの時点でも母親を挙げる回数が多いのですが、女児では3・5歳以後は友だちが同程度か母親以上に選ばれていることです。父親を挙げる回数は、男女児ともに高くないことも注目されます。特に、女児では年齢とともに減少していることがわかります。男児でも5、6歳では父親よりも友だちを挙げる回数がわずかに上回っています。一方、「ひとりがいい」などといいながら誰も具体的に答えなかった「一匹狼傾向」は平均でみると1回前後ですが、男児により多くみられることがわかります。

ベストパートナー

子どもは、PARTの五つの心理的機能を描いた図版のそれぞれの場面で、自分にとってベストパートナーだと思っている人を答えます。「お風呂に一緒にはいりたい」のは父親、「病気で熱

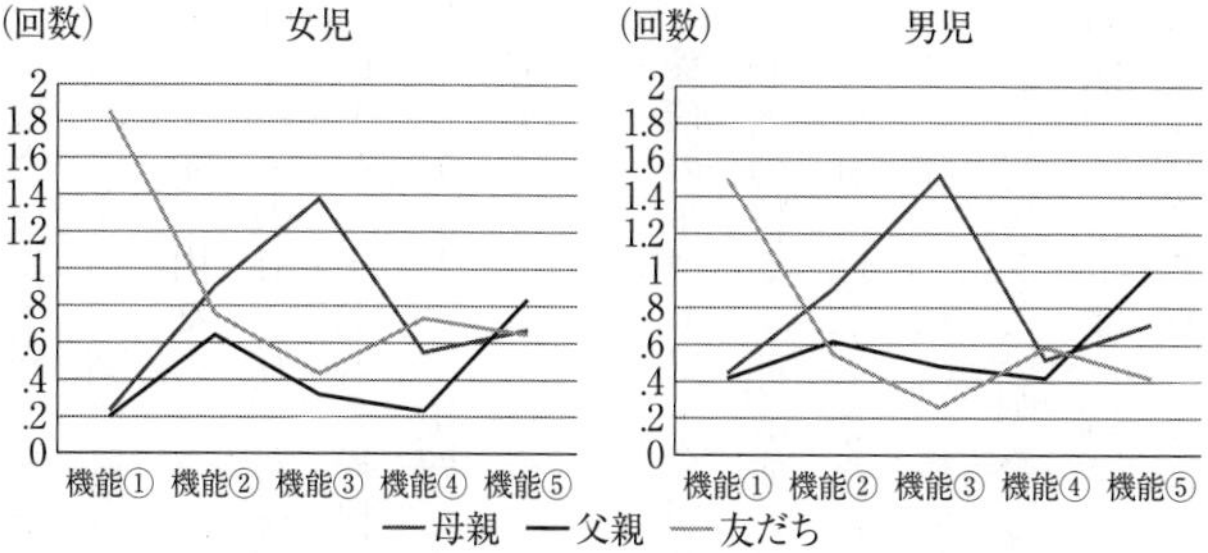

機能①一緒にいたい，機能②心を支えてほしい，機能③存在・行動を保証してほしい，機能④激励・援助してほしい，機能⑤経験や情報を共有したい，機能⑥ケアをしたい

図 3-5　5 歳時点での母親，父親，友だちに割り振られた心理的機能

が高い時に一緒にいたい」のは母親、「幼稚園の庭で遊ぶ」のは友だちが、それぞれいい、などと報告します。つまり、子どももおとなと同じく重要な他者たちの自分にとっての心理的な働きを区別しているのだと考えられます。

図3-5は子どもが挙げることが多かった母親、父親、友だちについて、五つの心理的機能のどれで指名されたかを整理した結果です。3・5〜6歳時点でよく似た形のグラフになりましたので、ここには5歳時の結果を示してあります。心理的機能によって子どもが選んだ相手が異なることがわかります。

機能①(一緒にいたい)では図のように友だちを選ぶ子どもがもっとも多く、これは3・5歳から6歳まで一貫していました。母親は存在を支える機能である機能③(存在・行動を保証してほしい)と機能②(心を支えてほしい)で、選ばれることが多いのが特徴です。前述のように父親は愛情要求の対象にはなりにくいのですが、図に見るように、機能⑤(経験や情報を共有したい)で選ばれることが多くなっています。男女のグラフの形は似ていますが、男児は女児に比べると母親と父親を選ぶ傾向が強く、その分、友だちを選ぶ割合が弱いという特徴があることがわかりました。

以上が、子どもの資料の全体を見た傾向です。しかし、それぞれの子どもはそれぞれの機能で、自分にとって重要な人を選んで回答していますので、個々の子どもの回答に注目することが必要です。

愛情のネットワークの個人差

個人の特徴を理解することは重要ですが、ひとりひとりが異なることを強調するだけでは、その事例は理解できたとしても、人間関係についての科学的理解が進むかというとそうではないでしょう。私は「類型化」することを考えてみました。

「類型化」とは個人の特徴に注目しつつ、似た個人を集めて共通の特徴を持つものを集める方法の一つです。個々の事例を詳細に記述するのが「事例研究」です。これは個人の詳しい資料を理解する方法としては優れていますが、いわば、森の中で個々の木に注目する方法です。

一方、「グループ全体」の特徴をまとめる方法は、いわば森全体の特徴を理解するものです。これらに対して、「類型化」では、ある性質に注目して互いに似ている木を束ねて、その束(類型)の特徴を理解することになります。

そこで、PARTの結果を次のように類型化することにしました。類型化では、15枚の図版で「誰がもっとも頻繁にあげられたか」がネットワークの特徴を示すと考えて、個人のネットワークに注目すればよいと考えました。たとえば、母親が多くの図版でベストパートナーとしてあげられれば、母親が愛情のネットワークの質を特徴づけると考えます。それは、もっとも多くのPARTの図版で選ばれるということは、その人物が多くの心理的機能を果たしていることを意味し、そして、多くの機能で選ばれる時には、存在を支える中核的な機能(機能②③)をほぼ必ず含むことがわかったからです。

そこで、PARTの全体の図版の半数以上(幼児版では15枚中8枚以上)で選ばれた人物を、ネットワークの中核(焦点)であるとみなしてこれをもとに類型化することにしました。たとえば、母親が8枚以上の図版で選ばれた場合には「母親型」、それが友だちであれば「友だち型」とします。なお、幼児では「ママとパパ」と答える子どもがいますので、両親が合わせて8枚以上になる場合を「両親型」としました。また、「ひとりで」「だれでもいい」「わからない」

などとして誰も挙げなかった図版が8枚以上になった場合には、人間に強い関心を持たないという意味で「一匹狼型」としました。そして、このような基準に合わずに、数人の対象を数回ずつ選んでいる場合には、誰が中核であるかを決めるのが難しいという意味で「多焦点型」と呼ぶことにしました。

愛情のネットワークの類型

これまでは、幼児には母親が重要だとされてきました。そして、母親自身も子どもには自分が必要だと考えている場合が多いでしょう。第2章でみたように、母親が子どもにとって特別な存在だという母性愛の信念は母親自身にもまだ支持されています。ところが、幼児は必ずしも〝お母さん子〟ではないことをすでに指摘してきました。類型化の資料はこの点を支持しました。

私たちの縦断研究の協力者の場合には、母親を単独でもっとも多く選ぶ子ども、つまり、母親を中核とする「母親型」の子どもの割合が最大になったのは、3・5歳時の女児32％、男児39％でした。それ以後の年齢では**図3-6**にみるように男女児とも「母親型」はせいぜい2割弱であることがわかります。「父親型」は3・5歳時の男児の19％が最大で、6歳まで一貫して

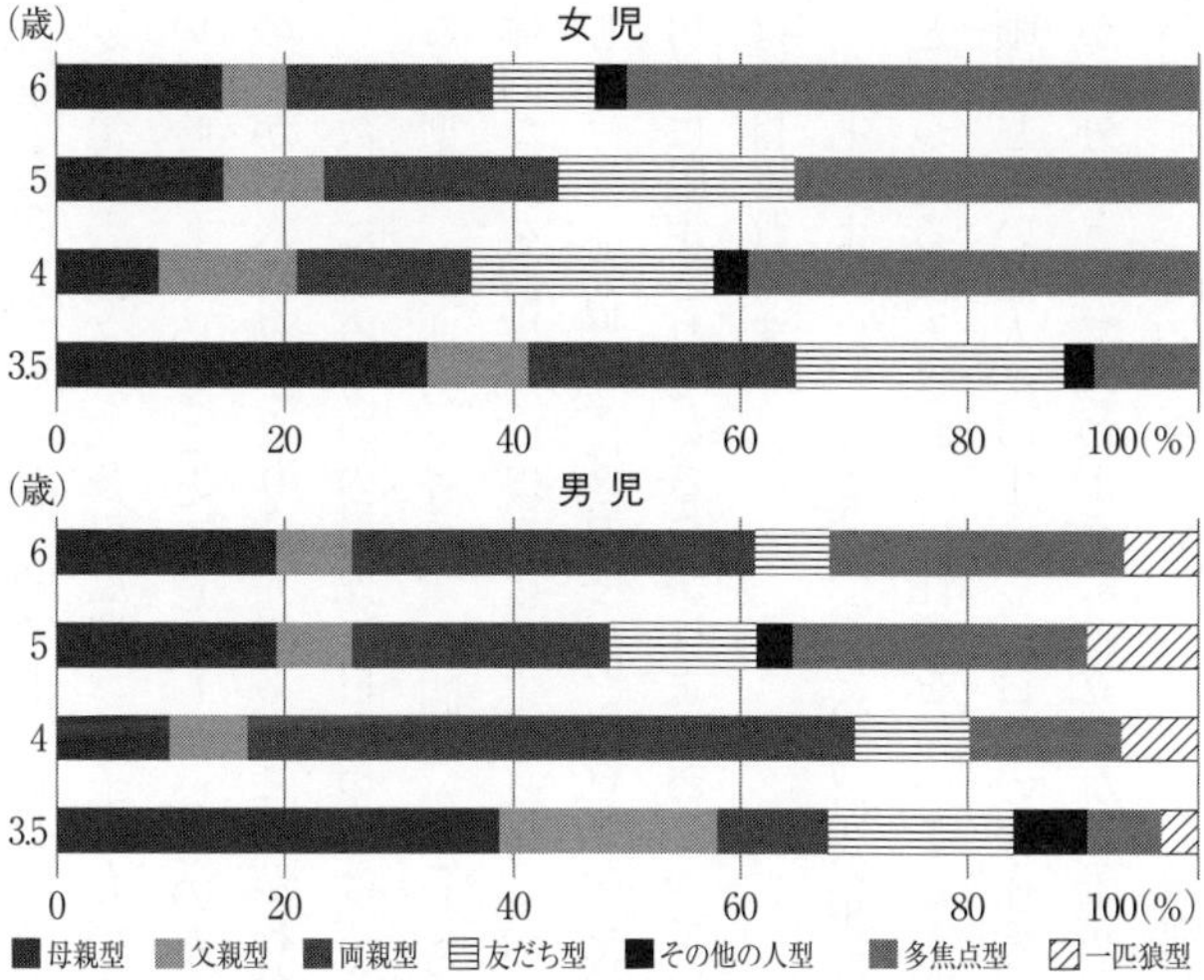

図 3-6 「愛情のネットワーク」の類型の出現率

少ないのですが、母親と一緒に父親を挙げる「両親型」の子どもが女児では15～24％、男児では10～53％いました。つまり、女児よりも男児に親中心の愛情のネットワークが多いことがわかりました。この結果は、女児の方が母親とより親しい関係を好むという通説とは異なっています。あるいは、男の子の方が甘えん坊だという母親の実感にはあっているかもしれません。

友だちをもっとも多く挙げる「友だち型」は3・5歳時点でも女児に24％、男児に16％みられます。「友だち型」は3・5歳から6歳時点まで7～24％であり、幼児期には女児の方により多くみられました。さらに、4歳時から6歳時の女児(35～50％)、5、6歳の男児（それぞれ26％）に多くみられたのは、さまざまな人を挙げて誰が中核であるかを決めにくい「多焦点型」です。「多焦点型」は子どもが多くの人と出会う機会が増え、親しい人たちをいろいろ吟味していることを意味しているのだと思われます。**図3-6**が示しているように、女児の方が対人行動がより活発であることがわかります。

少数ではあるものの男児に目立つのは、3・5歳時から1〜3名みられる「一匹狼型」です。この型は、前述のように、人間がかかわる場面を描いているPARTの図版の半数以上で具体的な人をあげない場合に判定されるものです。「一匹狼型」は女児にはひとりもいませんでした。「一匹狼型」は男性でのみ青年から高齢者まで1、2割みられます（高橋、2010）。なぜ、男性に限定されているのかはよくわかっていません。同じ傾向が幼児からすでにみられることは注目されます。

以上のように、3・5歳からの幼児の報告によると、幼児の人間関係は愛情のネットワークとなづけるにふさわしい性質を持つことが明らかになりました。幼児は、おとなと同様に、日頃接している人々の中から、自分の存在を確保し、安心して無事に暮らすために、周囲の人々が自分にとってどのように役立つか、誰が存在を支えてくれる中核的な機能を果たしてくれるか、誰と一緒にいると楽しいかなどと識別しながら、それぞれの相手に役割を割り振って、数人からなるネットワークを作っていることがわかりました。そして、子ども自身に聞いてみると、幼児、特に女児では、母親が何事につけても重要であるという子どもは多くはないこと、そして人間関係を広げ始めていることが明らかになりました。親が考えているよりも子どもは成長しているといえましょう。

4　人間関係の個性

個体としての類型

PARTで調べてみると幼児が持っている人間関係の表象には個人差、つまり、個性があることがわかりました。それを伝えると、よくされる質問は、それは優劣を示しているのか、望ましい人間関係はどれか、もっとも精神的に健康な人間関係とはどの型か、というものです。

私のおとなを対象にした研究では、誰がもっとも重要なパートナーであるかによって行動の違いはあっても、どのタイプがより望ましいとはいえないというのが結論でした。そして、ここで紹介している縦断研究でも、愛情のネットワークの類型と子どもの発達(知的発達、感情の発達、自己の発達など)との直接的な関連は認められませんでした。どの型がより望ましいとは言えないのです。

「一匹狼型」の子ども

では、「一匹狼型」はどうでしょう。人間に強い関心を向けないこのタイプの人は、青年期以降ではうつ、不安、孤独感などに悩む人が多かったのです。しかし、だからといって、このことだけで精神的な問題を疑うことはできません。おとなの男性では、生き方のスタイルとして自ら好んで一匹狼になっていると報告する人もいるからです。

子どもの場合でも、一匹狼型をただちに病的だとすることには賛成できません。しかし、子どもが精神的な安全地帯を持てていないという意味では、注意しておくべきタイプだと思います。子どもの場合、このタイプの子どもは友だちの仲間に入らず、自分から問題を起こすことが少ないので、おとなしい子、引っ込み思案の子、手がかからない子などとして、親にも見過ごされていることがあります(井上、2002)。

子どもが他人に関心を示さない様子が見られたら、まず、親がしっかり子どもに向き合ってみましょう。子どもとだけの時間を作って、ゆっくり話しかけたり、遊んだり、一緒にでかけたりしてみましょう。時にはしっかり抱きしめることも有効です。親が自分のことを大事にしてくれると感じるような、また、親と一緒に何かをするのは楽しいなと思うような体験をさせましょう。2、3か月このように接しても、なお子どもが心を開いていないように感じたら、どのように接したらよいのか専門家に相談してみてください。

「ママハキライ」という子ども

生まれたときから母親がずっと育児をしていても1、2割の赤ちゃんは母親以外の人、たとえば、父親や祖母を愛着の対象として選ぶと報告されています。一所懸命に育児をしてきた母親は「なぜ自分ではないのか」「私のどこが悪いのか」「たいして世話をしていない父親の方が好きだなんてなぜか」と心を痛め、嫉妬すらして、子育て相談を訪れます。でも、これは珍しいことではありません。

私たちは3・5歳から6歳までの毎年の面接調査の際に、子どもに「一番好きな人は誰ですか?」「お母さんは好きですか?」「お父さんは好きですか?」などと身近な人々への気持ちをたずねてみました。その結果は**図3-7**のようになりました。

3・5歳時点で母親が一番好きと答えた子どもは34%でした。父親が好きと答えたのは20%でした。そして、友だちが最も好きと答えた子どもは24%でした。友だちを最も好きだと選ぶ

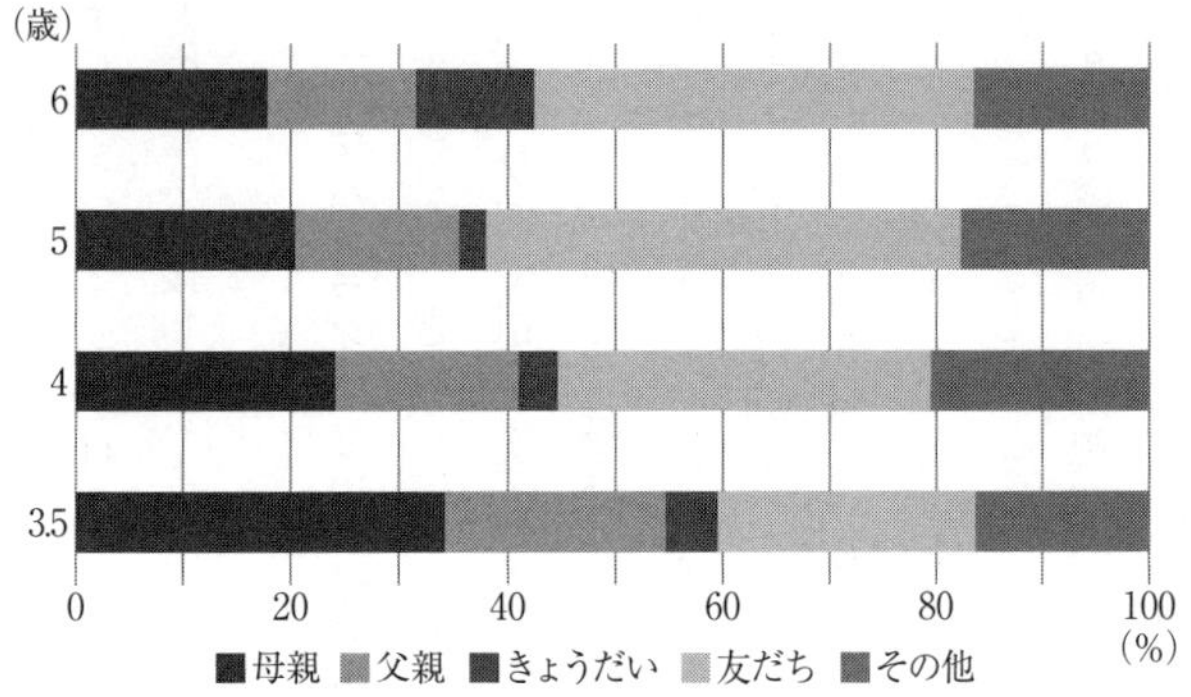

図 3-7　子どものもっとも好きな人の割合

子どもは5、6歳時には4割を超えています。親がいるという安心感のもとで、友だちを好んでいるであろうということを差し引いたとしても、幼児の人間関係はおそらく親が考えているよりも広がっていることがわかります。

中には「ママハキライ」と答えた子どもがいます。面接した3・5歳から6歳までの4時点では、3〜10%の幼児が「ママハキライ」「スキジャナイ」あるいは「ワカラナイ」と答えています。どの時期でも一貫して嫌いだと答えたのは2名の男児でした。そしてこれらの子どもは一番好きな人は友だちだと回答しました。

親子関係の研究に長年携わってきた発達心理学者の三宅和夫は、どう調べても原因がわからない「反りが合わない母子がある」と語りました。親子といっても、人間関係ですから、いずれもが相思相愛というわけにはいかないということでしょう。そして、三宅は調べてもなぜ嫌いなのか原因はわからない、と述べたものです。

「ママハキライ」といわれた、どうしたらよいでしょう、と子育て相談で質問されます。子どもは「今は他の人がいい」と言っているのですから、母親としては、助かった、手が空いた、と考えてはどうかと、私は答えます。母親は子どものためにだけ生きているわけではありませんから、空いた時間を自分のために使うとよいと思います。

親と子はそれぞれ百年の人生を生きる身近にいる「相棒」です。親子関係はいろいろな面を見せながら一生続く人間関係ですから、いつか、子どもが母親を必要とする時、つまり、母親に何かの心理的機能を求める時が必ず来ると考えます。その時、身近な先輩として、それに応えられればすばらしいと思います。それが親だと思います。親子関係は子どもが大きくなると一層面白いものになります。現在だけにとらわれずに、親も自分の人生をしっかり生きることが大切だと考えてみてはどうでしょう。

母親型と友だち型

では、愛情のネットワークの類型が異なるということは何を意味するのでしょうか。ここでは、母親型と友だち型の幼児の対人行動がどのように異なるかを調べた実験を紹介しましょう(Takahashi, 1997)。

検討した仮説は、「人は自分の愛情のネットワークと合致する場面で、上手な対人行動をする」というものです。つまり、友だち型の子どもは「同世代の子どもと交渉する場面」で有利であり、母親型の子どもは「母親と同世代の女性と交渉する場面」で有利であるというものです。このように、母親型と友だち型はどちらが優れているかではなく、人間関係の得意とする場面が異なるのだという仮説です。

この実験のデザインを表3-1に示しました。まず、PARTを使って東京近郊の私立幼稚園で、二百余人の4、5歳児から友だち型あるいは母親型の子ども、それぞれ20人、計40人を選びました。そして、この子どもたちは子どもパートナーと作業する「子ども場面」と、おとなの女性パートナーと作業する「おとな場面」の二つの実験場面で行動を観察されました。検討されたのは、表に見るように、それぞれの類型に合致した場面でより上手にふるまえるという仮説です。

子どもパートナーもおとなパートナーも、子どもが知らない人であるように工夫しました。知らない人と交渉するというもっとも難しい場面をつくって、子どものもっている類型の性質

表 3-1 「友だち型」と「母親型」の対人行動の差異

場面 ＼ 類型	子ども場面： 知らない子どもと一緒に積み木で一つの家を作る	おとな場面： 知らないおばさんと一緒にジグソーパズルをする
友だち型	得手である	不得手である
母親型	不得手である	得手である

（出所）Takahashi, 1997

をしっかりみようというわけです。

「子ども場面」の子どもパートナーとしては、PARTの測定で「多焦点型」で（つまり、「母親型」でも「友だち型」でもなく）、別のクラスの園児で日常も一緒に遊んではいない子どもであること、同性で、誕生日が近く年齢が似ていること、などを考慮して、実験群の子ども一人ひとりにできるだけ合うようにパートナーを選んで割り当てました。そして、「おとな場面」のおとなパートナーは、子どもがこれまでに会ったことがない母親世代の女性がつとめました。

「子ども場面」の課題は40個の積み木を使って、「二人で協力して一つの家をつくってください」といって、よく知らない子どもパートナーとどのように協力して作業するかをみようとするものでした。そして、「おとな場面」の課題は見本として示された図案を作るジグソーパズルで、「これは小学生用のパズルなのであなたにはむずかしいでしょう。でも、このおばちゃんはパズルのことをよく知っているので、お手伝いをたのんでもいいですよ。たのみたかったら、自分でおばちゃんにたのんでください」と教示して、おとなパートナーからうまく援助をひきだせるかを調べることをねらいとしました。

作業の様子はビデオで録画して分析しました。この分析で注目したのは第一には課題の完成度で、第二には友だち型と母親型の子どもがそれぞれの場面でパートナーにどのように動作、表情、言葉などを使って働きかけたかでした。

まず、課題の完成度では「子ども場面」では一つの家ができたか、「おとな場面」ではパズルがどの程度完成したかに注目しました。その結果、「子ども場面」でだけで友だち型と母親型の課題についての差が見られました。友だち型のペアが課題の要求どおりに協力して一つの家を作ったのに対して、母親型のペアは二つ以上の家を作りました。しかし、「おとな場面」の課題の完成度には類型間に差がありませんでした。これは、おとなが課題を助けて完成させたからでした。

作業中の行動のビデオの記録を分析してみたところ、友だち型と母親型の子どもの2種類のパートナーへの働きかけが違うことがわかりました。行動や相手との言葉のやりとりを見ると、友だち型は子どもパートナーとの、母親型はおとなの女性パートナーとの、それぞれのやり取りがより上手であることがわかりました。友だち型の子どもはよく知らない子どもパートナーに話しかけたり、相談したり、相手の作業を助けたりして、二人で一つの家を作る課題に成功しました。しかし、友だち型の子どもは相手がおとなパートナーの場合にはうまく話しかけることができませんでした。一方、母親型の子どもは母親と年齢の近いおとなパートナーにはうまく話しかけるのですが、よく知らない子どもとは相談したりしないので、それぞれが自分の家をつくることになり、二つ以上の家が完成したのでした。

このように実験の結果は仮説を支持しました。子どもが持っている人間関係の類型によって、よく知らないパートナーとの接し方が異なることがわかったのです。つまり、自分の持っているネットワークの内容と合致する状況での方が、子どもはうまく対人行動ができるということです。友だち型の子どものネットワークの構成員には同世代の仲間が多く、同世代の子どもと接する経験も多いため、子ども世代とどのように接するかについての知識が豊かであると考えられます。一方、母親型の子どもは母親世代のおとなとの接し方についての経験・知識を豊かに持つために、初めて会ったおとなとでもやり取りがスムーズにできたと考えられます。この実験で重要なことは、友だち型も母親型も人間関係についての個性であって、二つの型には優劣はないということです。それぞれが得手な場面と不得手な場面を持つと考えられることです。

ただし、保育園や幼稚園での生活をする子どもでは、友だち型の子どもの方が有利だと思われるかもしれません。たしかに、友だち型と母親型の「子ども場面」での子どもとの接し方を比べると、友だち型は仲間遊びが上手で楽しそうです。子どもとの接し方についての知識を豊かに持っていることがわかります。

この実験からみると、仲間と遊べない、集団に入れないことが気になる子どもには、友だちとの接し方についての経験や知識を補うとよいでしょう。たとえば、仲間遊びの上手な子どもが遊んでいるのを見物させたり、小さいグループの活動に誘ってみたり、仲間遊びが得意な子どもと遊ばせたりという経験や、「入れて、といってごらん」というようなおとなの少しの手助けが有効だと思います。

＊＊＊

以上が、幼児から聞いた人間関係の内容です。三つの特徴をまとめておきましょう。

第一に、多くの幼児が友だちや保育園の先生などにまで愛情要求を交換する相手を広げていることがわかりました。子どもは3・5歳でも、すでに、母親のみを選ぶような〝お母さん子〟ではありませんでした。そして、この傾向は年齢とともに顕著になりました。

第二に、子どもが数種の重要な他者を持っているのは、自分の生存や行動を確実にする上で必要な心理的機能を果たしてくれる有効な人々を、自ら選んでいるからだとわかりました。それは、子どもにとって必要な心理的機能のすべてを充たすような〝万能の人〟が存在しないからだと思われます。しかし、万能の人が存在しないことは、幼児に限らず、人間にとっては幸いなことです。万能な人は大きすぎる影響を相手に与えてしまうからです。私たちが複数の重要な他者を持っていれば、それぞれの人から異なる情報を得たり、受ける影響が分散するために、誰か特定の人に大きく影響されることが避けられます。子どもが重要な他者を選び取る能力を持ち、そうすることをおとな(親)に認められていることは、きわめて重要です。このように考えると〝お母さん子〟ではないことは幼児にとって、実は幸いなことなのです。

第三に、したがって、人間関係には個人差があります。そして、この個人差は個性であると考えることが重要だといえました。

第4章

わたしが主人公

自己主張と自制心

幼児期の子育て相談でくりかえし出されるのが反抗期についての悩みです。2、3歳の子どもが「イヤ」をいいはじめると手がつけられなくなる、どうしたらよいかというものです。この時期を特別に「イヤイヤ期」と呼んだりするのも、多くの親が「イヤ」に困っているからでしょう。少し前までは母親の指示に素直に応じていた子どもが、なぜいうことを聞かずにイヤを連発し、手に負えない状態になるのか、親としては理解できないというのでしょう。

反抗期の子どもを持つ親の調査によると、2、3歳の幼児に「イヤイヤ期」があることはよく知られているようです。反抗をこの時期の成長のあかしだと認めはしても、しかし、激しいイヤイヤに多くの親がいらだったり、戸惑ったりしていることが報告されています。それはなぜ幼児が反抗するのかがよく理解されていないからだと思われます。

一度イヤイヤが始まると、何もかもがイヤの対象になり収拾がつかなくなりがちです。さっきイヤだといったことを、ではやっていいからと親が譲っても時は遅しで、それもイヤだといいます。つまり、イヤは何かをきっかけに始まりますが、子どもにとっての問題はきっかけになった事柄ではなく、自分の意思が通らなかったこと、遮られたことに抗議しているというわけです。このイヤをいわせているのが子どもの自己です。

反抗期は自己が「芽生える」時期であるとされてきましたが、乳幼児の自己についての研究が進んだ結果、2歳前後にはすでに幼児なりの自己ができていることが明らかになりました。「イヤイヤ期」は自己が強い主張を始めた興味深い時期だということです。言葉で表現する能力が充分ではないために、すべての主張をイヤや泣きや地団駄で表現し、まるで反抗しているように見られがちですが、子どもの主張には子どもなりの理由があるのです。

本章では、まず自己とは何かについての理解を深め、続いて幼児期の自己の発達の様子を明らかにし、意思を持つようになった子どもの発達について考えることにしましょう。幼児期は周りのおとな、特に親が、自己を持つ子どもとつき合い始めるという興味深い時期です。

1　自己とは

自己――私についての知識

自己とは自分についての気づき、自分についての意識をいいます。自分がどのような人間であるかについて、本人が持っている自分についての知識をさします。

心理学では、おとなの自己の内容を面接法や質問紙法で測定します。そのうちのひとつ「二十答法」を紹介しましょう。**表4-1**に示したように、「私は」で始まる短い文章を最大20個作るというものです。自分について、頭に思い浮かんできたことを、「私は」に続けて短い文章で書いていきます。

たいていの人は、「私は日本人です」「私は会社で働いていますす」「私は背が高いです」などと、自分の社会での位置づけや、他人が見てもわかるような外形の特徴から書き始めます。ところが、そのような外側の特徴は数個で尽きてしまいます。さらに書こうと頑張っていくと、自分だけが知っている自分の特徴が出てくるようになります。たとえば、「私は料理が得意です」「私はバイクを持っています」などと自分の能力や好み、あるいは、自分の所有物について書きます。またさらに、「私はせっかちです」「私はどちらかというと明るい性格です」などと内面的な特徴にも言及するようになります。

表 4-1 「二十答法」の回答用紙のイメージ

1. 私は＿＿＿＿＿＿
2. 私は＿＿＿＿＿＿
3. 私は＿＿＿＿＿＿
・ ・ ・
20. 私は＿＿＿＿＿＿

このように「二十答法」は、20通りの「私」について書いてもらい、それぞれの人に自分についての知識を取り出してもらおうというものです。小学生から成人までの「二十答法」の結果をみると、子どもでは外形の記述が多くを占めますが、おとなになるにつれて内面的な特徴が増え、そして、精神的に安定しているほど内面的な特徴、特に、性格についての記述が多い

という指摘もあります。自己を内面の特徴で記述できるほうが自己についての知識が豊かだということになります。

自己のアイデンティティ――「私は私のもの」という意識

「二十答法」は自己を構成している要素がどの程度バラエティに富むか、また、内面的な深みがどの程度あるかを測定します。しかし、これらの自己の構成要素がばらばらになっているのではなく、自己についての知識は「自分のものである」としてひとつにまとまっていて、「これは紛れもない私である」と本人が確信していることが重要です。自己のこのような性質を問題にするのが自己のアイデンティティという考え方です。

アイデンティティという見方を提案したのはエリック・エリクソンです。エリクソンは自分が何者であるかという確信をもたせるのがアイデンティティだとし、これが心の安定のために必須だと主張しました(エリクソン、1973)。実は、エリクソン自身の育ちがアイデンティティを必要としたとされています(西平、1993)。というのはエリクソンの生い立ちには複雑な事情があったからです。

エリクソンはフランクフルトで生まれ、母親はユダヤ系オランダ人で、養父は小児科医でしたが、実父が誰であるかを生涯知らされませんでした。彼は絵が好きでギムナジウムを終えたあと芸術院に進学しました。しかし、放浪生活を送り、その後、ウィーンで精神分析を学びます。ナチスの台頭する欧州を逃れて米国籍を得ますが、その際にユダヤ名からスカンジナビア諸国に多いエリクソンという姓に変えたということです。こうして出自にあいまいさを持って米国に渡ったエリクソンは、精神分析学を背景にした発達心理学者として多くの重要な理論を発表していくことになります。

このようなエリクソンが提案したのが、アイデンティティです。アイデンティティは「私は私である」という確信ですが、重要なことは、その確信が独りよがりなものではなく、「周りの人々と分かちあえている」ことだと強調したのです(Erikson, 1959)。自分の出自に悩み、いつも自分の属する集団はどれかを探していたエリクソンならではのことともいえるでしょう。つまり、アイデンティティでは内面を問題にするだけではなく、自分の存在が社会的に認められているということが重要なのです。この点は幼児の自己を考えるときにも忘れてはならないと思います。社会のなかの個人という考え方です。

自己の働き——自己主張と自己制御

自己にはアイデンティティという認識が必須です。人間は「これが自分である」「これは自分がしている」「自分はこれがしたい」と、行動の主体であることを意識し、主体でありたいと主張します。

このような自己が人間にとってどのような働きをするかは、哲学、宗教学、文学などでの思索の主要なテーマであるといえましょう。人間の発達とは自己の発達であり、自分探しの過程だといっても過言ではありません。「自分史」を書いて、自分の視点から人生を顧みたいという中・高年者が増えているのは、きわめて自然なことでしょう。再びの自分探しをしようというのだと思います。

自己が人間にとって持つ働きは、大きく分けて二つあります。第一の働きは、何としてでも自分の希望を通そうと、人間を動機づけることです。自己は、いくつもの可能性の中から自分にとって好ましい行動や経路を選択し、それを主張し、その実現に奮闘する働きをします。幼児のイヤはこの素朴なかたちの自分の表現のひとつだといえましょう。

自己の積極性の側面が注目されがちですが、第二の自己の働きも同じ程度に重要です。それは、自己が自分をよりよく実現しようとして、当面の自分の要求の充足をしばらく後にのばすという自己制御です。これは一時的にであっても行動を止めますので、消極的な対応のようにも思えます。しかし、衝動的になるのを抑え、より良い結果をもたらそうとする自己の重要な働きです。たとえば、紙の上に書かれた円を「できるだけゆっくりなぞってください」という心理テストがあります。これは、円を早く描きたいという自分の衝動をどのくらい抑えて、課題に応えられるかをみようとするものです。

このように、自己は自己主張と自己制御の二つの働きによって、自分らしさを実現しようとするのです。

2 幼児期の自己の発達

自分の身体の発見

さまざまなデータを集めてみると、昼夜の区別がつくようになる生後2、3か月頃には、乳児は自分の身体が周りの他者から分離していることがわかり始めると思われます。この自分の身体の発見が自己の始まりです。

たとえば、皮膚温度を測定する赤外線サーモグラフィカメラを使った水上啓子らの興味深い研究があります。この研究では乳児(生後8～14週)の顔面の温度の変化――ストレスが生じると皮膚温度が下がり映像が赤色から青色に変わる——に注目したところ、5分間一緒にいた母親が気づかれないように静かに退室すると、席をはずした5分間に乳児の顔の皮膚の表面の温度が下がることがわかりました(Mizukami et al., 1990)。

昼夜の別なく授乳され養育されていて、まるで母親と一心同体のような状態にいると思われがちな乳児ですが、早い子どもではこのように生後2か月もすると、自分の身体と母親の身体が分離していることに気づいていることがわかりました。この頃には、機嫌のよい時に自分の手を動かしてはじっと見つめる「手かざし(ハンド・リガード)」といわれる行動が観察されることも多くなります。自分の身体の一部を発見しているのだと説明されています。自力では移動できない0歳児でも、見たり聞いたりして周囲の様子をうかがっていますので、子どもが自分と他者の区別をつけるのは難しいことではないでしょう。

子どもの身体の発見は、子どもが歩き始める1歳半くらいになると一層たしかなものになります。自分の望むところに行けるし、嫌なものから逃げることもできるのですから、自己の身体の発見は容易になります。鏡を使った観察では、1歳児の多くは鏡の中に映っている母親の顔を見つけて笑うのに、一緒に映りこんでいる自分の顔にはほとんど関心を示さないと報告されています。しかし、2歳近くになると鏡の中の自分の顔や身体を認識できるようになります。

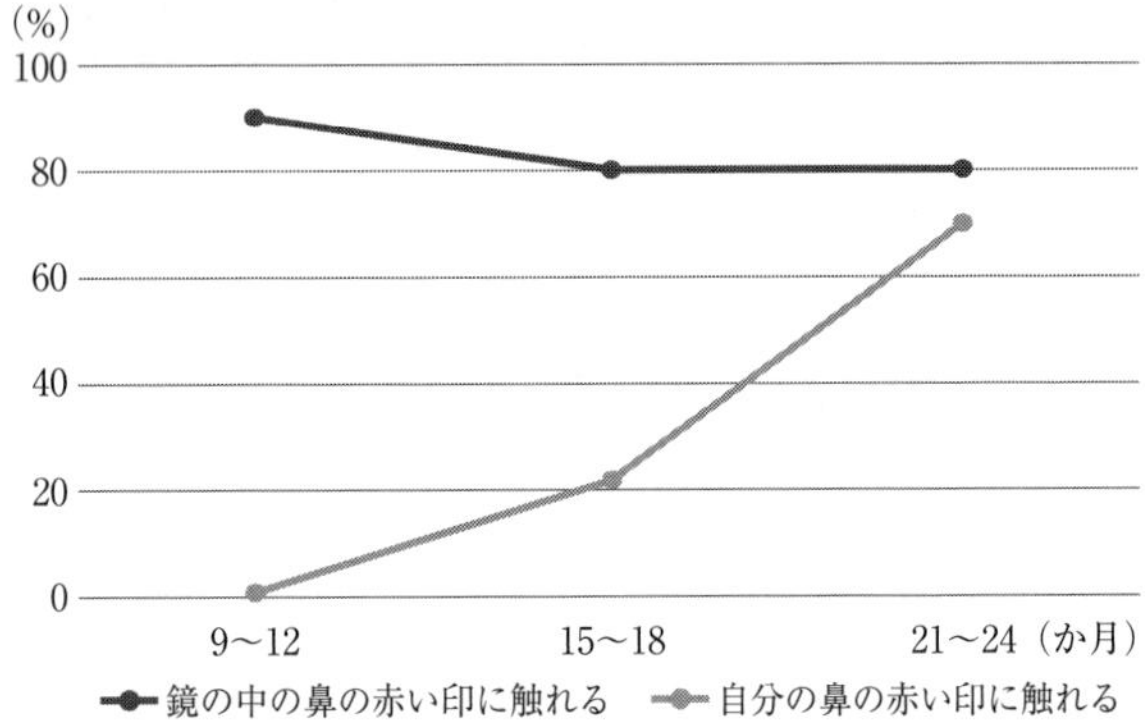

(出所)Lewis & Brooks-Gunn, 1979 から作図

図 4-1　鼻についた印に気づいた子どもの割合

米国の発達心理学者マイケル・ルイスらはマークテストを使ってこれを確かめました。「きれいにしようね」といいながら子どもの顔を拭くふりをして、気づかれないように子どもの鼻に赤いマークをつけます。それから鏡に顔を映してみせます。この実験の結果をまとめたものが図4-1です。この実験が期待している「正反応」は、鏡の中ではなく、鏡の前にいるのが自分だということを理解していて、鏡を見て自分の鼻についている赤い印に気づいて「自分の鼻の印に触れる」というものです。鏡の前にいる自分の鼻を拭かなければきれいにはなりません。ところが、図に見るようにどの月齢でも子どもは「鏡の中の赤い印に触れる」のですが、実際の自分の鼻にふれる行動は生後21～24か月まで増えないことがわかりました。8割近い子どもが鏡を見て自分の鼻にさわるという正反応

をするのは2歳近くになってからです。この実験を日本でしてみても同じような結果になりました。

自尊心の兆し

第1章でも紹介した米国の発達心理学者ケーガンはいろいろ興味深い発達の現象を指摘している研究者ですが、幼児が自己を持つ証拠として「会心の笑み」(英語では competent smile)に注目しました。それは、たとえば、子どもが一人で積み木をタワーのように積んで高くなったと手をたたいて喜ぶ時の満足げな笑みに見られるとしました。誰かに積んでごらんと指示されたわけでもなく、誰かに褒められるわけでもないのに、うまく積めたと自分で喜んでいるのはまさに「会心の笑み」であるというわけです。

これは、自分のしたことに自分が満足しているという意味で、自尊心であるといってよいでしょう。幼児の自尊心を調査した結果では、一人ではできそうにないことを「やってごらん」といろいろ要求してみると、生後20か月頃の子どもが、要求された課題ができないと機嫌を悪くしました。この頃の子どもがもっとも自分ができないことが許せないようでした。

心理学者の矢野喜夫・のり子夫妻は子どもの成長記録を出版していますが、そのなかにも自尊心にもとづく光景が報告されています。たとえば、矢野家のWちゃんは2歳2か月の時に、うどんを箸で食べるといって箸を要求して試してみて、「デキナイ、デキナイ」といって泣きました(矢野・矢野、1986)。誰も箸で食べることをすすめたわけでもなく、できないことを非難しているわけでもありません。しかし、親と同じように箸で食べられないことに、子どもの自尊心が傷ついたというわけでしょう。

記憶力と自己

子どもに記憶する能力が育ってくると、自己は「今ここ」だけにとどまらず、時間と空間を超えたものになります。おとなは現在の自己と過去や将来の自己がつながっていることを自覚し、また、今ここにいる自分と会社で働く自分とがともに自分であると確信できます。これを可能にしているのが記憶力です。

子どもが生後18か月頃になると、現実の光景を頭にしまっておく表象の能力を使い始めることを第2章で述べました。席を外している母親の情報が頭の中にしまわれていて、これに支えられて一人にされても泣かずに我慢できたりする例がこれです。あるいは、幼児が目前にいない家族のしぐさを「ままごと遊び」のなかでまねたりするのも表象を持っているからです。私の友人は、「カイシャ、イキタクナイナー」といって出かける父親役を息子が幼稚園で演じていると教えられて、冷や汗が出たそうです。朝の父親のようすを描写したのでしょう。

米国の発達心理学者キャサリン・ネルソンは生後21〜36か月の間の女児Eと家族との日常会話を録音し分析しました。そして、24か月頃からEのその日の体験の描写が具体的になり、しかも、時系列をたどって正確に報告できるようになったことに注目しています。たとえば、「(ベビーシッターの家で)寝ていたら、マミーが来て、おきて、家に帰って、水を飲んで寝たの」というようにです(Nelson, 1993)。このようにEは1日の生活の断片を報告するのではなく、ベビーシッターの家で眠っていること、そこに母親が迎えに来ること、迎えに来たら一緒に家に帰ること、そして、自分のベッドで寝ること、という一連のできごとが順番に自分におこったことを記憶しています。子どもの自己が「今ここ」にだけとどまらなくなっているわけです。

自分の個人的な経験についての記憶をエピソード記憶といいます。エピソード記憶にはそれがおこった場所、時、その時の感情が伴うとされていますが、この記憶は経験を自分のものだとする自己が関わらなければ成立しません。3、4歳になると子どもはおとながうまく手助けして聞き出すと、まだ未熟なものとはいえ、過去におこった自分の体験を記憶していることがわかります。幼稚園で先生が『だるまちゃん』(の本)を読んでくれてうれしかったこと、(スコットランドの)アバディーンのおばあちゃんの家で雪だるまをつくったときとても寒かったこと、一緒に遊んだ子がおもちゃをとったので怒ったこと、などが報告できます。

ここで注目しておきたいのは、子どもの自己はこうして周囲の人々の行動や反応に支えられて次第に明確になっていくということです。やさしいベビーシッター、必ず迎えに来る母親、好きな本を読み聞かせしてくれる先生、遠くに住む祖母、けんかする友だち、などとの経験を共有しながらのやり取りが、子どもの自己をつくる材料になるということです。エリクソンが指摘しているアイデンティティの社会的側面とはこういった事実をさしています。人々が自分を認めてくれているという確信が自己を支えているわけです。

言葉の役割

子どもの自己の発達にとって言葉の働きは重要です。自分に固有の名前があることがわかるのは生後19か月頃だといわれています。0歳児でも名前を呼ぶと振り向いたりしますが、別の子どもの名前を呼んでも同じような反応をしますので、自分の名前がわかっているかたしかではありません。「○○ちゃんはどこにいる?」と聞いて自分を指すことができるのは2歳近くになってのことです。「○○ちゃんがする!」「自分でする!」という発話が盛んになるのもこの頃です。自分の名前がそれまでの自己についてのさまざまな経験をまとめたり、自分の意思を表明する役割をはたしていると考えるとよいでしょう。

感情はそれぞれの人の内的な反応ですので、子どもが感情を表現する形容詞や動詞をいつ頃から使うようになるのかも注目されます。2歳前後から、「〜をしたい」「〜が欲しい」などという意思を表す動詞を使うようになるという調査報告があります。また、生後32〜35か月の間の子どもと親の会話を分析した米国での研究では、3歳頃には次の例が示すように、肯定的感情も否定的感情も、それがふさわしい場面で報告できるようになっていることがわかります(Fivush, 1993)。うまく聞き出してみると、何がおこったか、その時どのような気持ちだったのかも、理解していることがよくわかります。

母：昨日、(友だちの)Nと遊んだの？
子：うん。
母：あなたはNのこと怒ったの？
子：うん。
母：Nがあなたに何かしたの？

子：僕が、怒鳴ったの。
母：Nが何かしたの？
子：僕のおもちゃをとったの。象を。
母：ほかに何かNはしたの？
子：僕と遊んだ。
母：そう。遊んだときは楽しかった？
子：うん。
母：象をとったときは怒ったけど、あとは、楽しかったの？
子：そう。

自己概念

自己概念とは「私はこのような人間です」という自己についての本人の知識をいいます。自己概念は自分の体験や他者の自分への反応をまとめ、整理して明らかになりますので、それには言葉が重要な働きをします。先に「二十答法」で測ったのがこの自己概念です。5歳児にたずねてみたところ、次のように、幼児期の終わり頃には、自分はどのような人であるかを子どもでも答えることができることがわかりました。

飯沼牧子(1992)は「二十答法」をヒントにして5歳児に面接調査をし、幼児後期には自分の短所を含めて、自分について内面的な特徴で説明できるようになっていることを明らかにしました。ある女児は「いもうとを　いじめるところ」は自分の「悪いところ」であり、「ちょっと　こころが　やさしくなった　ところが(年少さんの時に比べて)おおきくなった」証拠だと答えました。また、「おれ、もん(門)っていう　かんじ　かけるよ」と小学生の兄とはりあって自分の能力を報告した男児もいました。別の質問には「ボクネ……」と答えていたのに、この質問では「オレネ……」と胸を張ったのでした。子どもの持つ成長感が伝わってきます。

飯沼が聞くのを躊躇したのは「あなたは大切な子だと思いますか?」という質問でした。幼児には質問の趣旨が理解されないかもしれないと心配したのでした。ところがたずねてみると、それは杞憂におわりました。子どもはこの質問に「うん、大切な子だよ」と迷わずに答えたのです。「パパが、いつも、わたしと　いもうとのことを、たからものだっていうからね」、あるいは、「ママが、いつも、そういうもん」といって、多くの幼児が自分は大切な人間にちがいないとほとんど迷うことなく答えたのです。「宝ものだよ」「大切な子よ」などという日常生活での親の言葉が、幼児の心にしっかり留まっていることがわかります。次の短歌は、新聞の歌壇に投稿されたほほえましい作品です。このような親子のやりとりが日々積み重ねられているのであろうと思います。

「大事だよ」
そう聞きはにかみ
「そうなの?」と
布団に深く潜りこむ吾子
（小島陽子、朝日歌壇『朝日新聞』2013年10月7日）

記憶、言語などの知的能力、日常の豊かな経験、安定した人間関係のある生活が、子どもの自己概念を育んでいることがうかがわれます。自己概念ができあがると幼児期の自己は完成です。小学生以降の自己は「二十答法」でみたように、言葉の働きを本格的に活かした特徴を持つようになります。

3　自己の主張――反抗期

なぜ、反抗するのか

ここまで、幼児期の自己の発達を概観してみました。次には2、3歳児の反抗に焦点をあて、対処法も考えてみましょう。

イヤイヤがおこる2、3歳児は三つの点でユニークな発達の時期にあるといえます。それが反抗がおこる理由です。

第一には、この時期の身体能力の発達です。それまでは抱っこして運んでもらわなければ好きなところに行けなかった子どもが、歩き、走ることもできるようになりました。少し勇気をだせば数段の階段から飛び降りたりもできます。中には足で蹴って進む二輪車に乗れる子どももいます。このような急激な運動能力の進歩に支えられて、2、3歳児は成長感にあふれ、自信を持つことになります。何でもできそうな自信が、自分でやりたいという気持ちを支えているのです。「みて、みて！」という子どもは自信にあふれています。おとなから見ればまだひとりではできないことがほとんどなのに、自分はやれると信じているのです。

第二には、しかし、2、3歳児はコミュニケーションの道具としての言葉をまだ充分に使えないことです。こうしたい、あれがしたいと言葉でいう前におとなにやられてしまい、どうしてそうしたいのかを説明するには言葉がうまく使えない、というわけです。したがって、幼児はまず「イヤ」といっておとなの行動を制止するわけです。しかし、先に母子の会話の例で示したように、気持ちが落ち着いたところでうまく聞き出してみると、「そんなことを考えていたのか」と子どもの気持ちが納得できることも多いはずです。イヤには理由があるからです。

第三には、すでに述べてきたように、2、3歳児、すなわち、言葉が充分に発達する以前の幼児初期には、自己の発達がそれなりの頂点に達していることです。できあがった自己は精一杯の主張をします。自分の意思が遮られることに我慢がならないのです。袋菓子を欲しがるので皿にとってわたすと、怒って皿ごとひっくり返すようなことはよく見られる反応のひとつです。欲しいのは「袋ごと」だったというわけです。あるいは、おとなが先回りしてやってしまうと、初めから自分でやりなおしたりもします。

イヤイヤへの対応

このようにイヤイヤには、子どもなりの確かな理由がありますので、無視したり、おとなの力で抑え込んだり、あるいは、なんでも言う通りにさせるというのも、いずれも賛成できません。

せっかく自己を主張しているのですから、子どもが何を言いたいのかを理解しようという姿勢がおとなには必要です。理解するということは、何でも容認することとは異なります。何でも子どものいうことを聞いてしまうと、二通りのことがおこるでしょう。第一には、子どもの自己主張がつのって手がつけられなくなります。世界の中心は自分だというような子どもは、子ども社会でも受け入れられません。

もう一つの可能性は、なんでもいうことを聞いてもらっていると、子どもは自分がないがしろにされている、どうでもよい子なのだという無力感を持つようになります。反抗は自己主張ですので、それによって自分が大切な子であると思われているかを確かめているのだともいえます。したがって、子どもは愛されたいと思っている人にこそ、激しい反抗をみせます。「私にだけ反抗して、父親や祖母には素直で」と不満を訴える母親が多いのですが、反抗には子どもの母親に対する切実な気持ちが反映されていると考えるとよいでしょう。わがままをいって困らせて、母親の関心を引いてもいるのです。

最も避けたいのは、反抗をおとなの力で押さえつけることです。子どもの「イヤ」は、とかくわがままだととられがちです。わがままを許しているからますます反抗するのだと、体罰を与えたり大声で叱って封じようとする親もまだ少なくありません。おとなが力で押さえつければ、即効性があるのは確かな事実です。しかし、それではせっかく育っている自己を粗末にし、自己の発達の邪魔をすることになりますので注意が必要です。

親子の自己の衝突と調整

子どもが反抗を始めた時、つまり、子どもが自己主張を始める時は、親が自分の自己を明確にするべき時でもあります。

エリクソンが指摘したように、人間は存在を周りの人々に認められることが必要です。子どもの自己も他者に認めれられるものでなければなりません。それは、周りの人の自己と共生するものでなければならないということです。

子どもがこの共生を体験するのが、まず親の自己との衝突の時です。子どもの自己は親の自己としっかり衝突し、互いに無理がないところで調整する体験をすることが重要です。したがって、反抗の対象になりやすい母親は、自分の自己を明確にする必要があります。ダメな時には「ダメであること」を伝え、その理由もしっかり伝え、なし崩し的に譲らないことが大切です。そして重要なことは、子どもの言い分にしっかり耳を傾けることです。親と子のいずれかの自己主張を無条件で通すのではなく、互いに妥協点を探して調整しようというわけです。

子どもの反抗期には、あらためて親の価値観や生き方が問われるともいえます。子どもが何かを要求した時、どれは認めどれは許さないかについて、場当たり的に対応するのではなく、親が自分の信念にもとづいていれば、「どうしようか」という迷いは減るでしょう。

子育て相談でこのように答えると、では、親の持つべき正しい価値観とは何ですかと聞かれることがあります。どのような考えを持つのが良いかは、人それぞれによって異なり、それぞれの人が試行錯誤して生涯にわたって求め続けるものだと思います。子育て用の価値という特別なものはなく、どう生きるかという全体の中で育児も考えるものだといえます。親も発達途上にあるので、時には、間違うこともあります。したがって、頑固に親のやり方だけを正しいと考えることは禁物です。「子どもに鍛えられる」と、ある母親は述べました。この感想には共感する人も多いでしょう。「負うた子に教えられる」のは真実です。

反抗しない子ども

「うちの子はイヤイヤ期がない」と心配する相談も少なくありません。発達の仕組みから言えば反抗期がみられるのが一般の傾向です。反抗期がないというのには、三つの場合が考えられます。

第一は、反抗の表現が穏やかな場合です。どの子どもも反抗する際に泣き叫ぶわけではありません。わずかな子どもの反応にも気を配ってほしいと思います。第二は、何でも子どもの望むとおりにさせている場合です。これでは反抗する機会がありません。点検してみてください。そして、第三は、おとなの強い力が反抗を禁じている場合です。おとなの力が強いので、子どもは反抗をあきらめているのかもしれません。反抗によって自分の意思を表明し始めたのですから、わずかな兆候でもしっかりうけとめることが大切です。

4 自己の制御——自制心

マシュマロ・テスト

自分のしたいことを実現するために、どのように現在の衝動を抑えるか、幼児でもそのような自制心が働くことを示す研究を紹介しましょう。

米国のスタンフォード大学の心理学者ウォルター・ミシェルは、幼児の自制心の発達について研究しました。そして「自分が必要だと思った時に自己を制御する」という自制心を調べる興味深い実験を考えました。それが「マシュマロ・テスト」です(ミシェル、2015)。これは面白い実験で、ウェブ上に多くの動画がありますので、興味があれば探してみてください。

このテストを受けるのは3歳頃からの幼児です。気が散るような物が一切おかれていない殺風景な部屋に子どもが一人ずつ呼ばれます。机の上にはマシュマロが一個のった皿があります。そして実験者は子どもに、「私はちょっと用事があるので行ってきます。このマシュマロはあなたにあげます。もしも、私が15分して戻ってくるまでこれを食べずに我慢したら、もう一つマシュマロをあげます。でも、私がいない間にこのマシュマロを食べたら、二つ目はあげません」といって退室します。そして、子どもが一人になった時にどのようにマシュマロを食べずに我慢するという「自制心」を示すかを、気づかれないように録画して分析します。ただし、もらえる菓子は、クッキー、プレッツェル、ミント菓子などから子どもの好きなものを選ばせているので、いつもマシュマロであるというわけではありません。子どもがもっとも好きな菓子にしたほうが実験にとっては好都合ですので、実験の前に子どもに聞いて皿にのせる菓子を決めます。

この実験は自分の要求を抑えて、将来(15分後)のより大きな成果を得るために辛抱できるか、自分の要求の充足を引き延ばす力を見るのがねらいです。その結果、4歳未満の子どもではたいてい30秒以内にマシュマロを食べてしまいました。そして、4、5歳くらいから食べずに我慢するという自制心が持てるようになることがわかりました。

子どもは目前にある好きな菓子を食べずに我慢するためにさまざまな努力をしました。実験場面の画像を見ると、マシュマロを見ないように目をつぶったり、後ろを向いて見ないようにしたり、これは写真だから食べられないといってみたり、あるいは、匂いだけかいだり、舐めるだけで我慢するなどと、さまざまな涙ぐましい努力をして、子どもが食べたいという自分の要求に勝とうとすることがわかりました。

誘惑に負けない

これはほほえましい実験ですが、「マシュマロ・テスト」が注目されるようになったのは、幼児期にこのテストをうけた子どもの発達を追跡したからでした。4、5歳で見せた自制心が後の望ましい発達と関連していたと報告されたのです。たとえば、幼児期にこのテストで自制心を見せた子どもの方が、十数年後の大学進学適正検査の成績がよいこと、あるいは、青年期や成人期の社会的行動の評価が高いこと、などの結果がみられました。

このテストの考案者ミシェルは、「マシュマロ・テスト」が測っているのは、たとえば、友人と映画に行きたい気持ちを抑えて勉強するなど、人生で待ち受ける無数の誘惑に、もっと重要な目標のために打ち勝つ心の強さではないかと述べています。

つまり、「マシュマロ・テスト」が問題にしている自制心とは、自分の意思や行動を単に抑えることではないということです。よりよく自己を実現するために、いまは我慢しようという傾向です。自己の主張を無理に抑えてしまうのではなく、そうすることがなぜ必要かをよく理解し、納得したうえでのものであることが重要だということです。

自制心の発達

では、自制心はどのような行動として日常生活で観察されるでしょうか。発達心理学者の柏木惠子は、保育士が子どもの自制心をみわけるための尺度を提案しています。この尺度は四つの下位尺度で構成されています。尺度1は「自分の要求の充足を遅らせることができる」(観察の項目としては、ブランコの順番が待てる、おやつが配られるのを待てるなど)、尺度2は「制止や規則にしたがう」(してはいけないことがあることがわかっている、してはいけないといわれるとしないなど)、尺度3は「要求がすぐに充たせなくてもがまんする」(くやしいなどの感情を爆発させない、勝敗の結果をうけいれるなど)、尺度4は「根気がある」(失敗してもあきらめない、少し難しいことでも頑張るなど)です。このように自制心とは、単に我慢をしたり、従順であったり、聞き分けが良いということではないということです。この尺度を用いて実際に保育士が3歳半から6歳8か月の子どもの自制心を観察して評定したところ、年齢とともに明らかに上昇していくことが報告されています(柏木、1988)。

では、自制心はどうしたら育てられるのでしょうか。これについての研究はまだ一致した結果を見出すにはいたっていません。しかし、自制心の育成にとって注目しておくべき二点について述べておきます。

第一は、1歳半の時に母親と離されるのをどうにか我慢できた子どもは、5歳になった時の「マシュマロ・テスト」でも我慢ができた、というミシェルの学生による研究報告です。この研究では、1歳半の時に、母親に退室してもらい、実験者と二人で残された部屋での子どもの行動を観察しました。母親が出て行ったドアから離れられない子どもが多かったのですが、なかには、おもちゃで遊んだり、部屋を探索したり、実験者におもちゃを見せに近づいたりして、母親の不在を我慢できた子どもがいました。そして、この子どもたちが5歳になった時に「マシュマロ・テスト」で自制心を調べたところ、1歳半時に我慢できた子どもは5歳でもマシュマロをすぐには食べずに我慢できたというのです。

この研究が示しているのは、1歳児にも自制心のきざしがあるのではないかということです。「マシュマロ・テスト」によって測ると自制心は4歳くらいから働き始めるということになるのですが、1歳から自制心を育てられることが示唆されています。たとえば、乳児が物を欲しがったり、散歩の時間が待てないという時などに、一時的に乳児の関心をそらすことをしてみるのは有効だと思われます。おもちゃで遊ぶとか、絵本を見るとかによって気持ちを落ち着かせ、しばらく要求を我慢させるというような経験をさせてみてはどうでしょう。

第二の衝撃的な報告は、自制心の発達に家庭の経済状態が関連しているというものです。貧困家庭では物が限られているために、子どもは素早く行動すること(すぐに食べることなど)が習慣になっていて、そのために、自分の要求を抑える傾向が発達しにくいのではないかと考えられているのです。この研究では、4歳10か月の子どもに次のような実験をしました。実験は「マシュマロ・テスト」をやや変形させたものです。7分間待って実験者が「大きな菓子」を持って戻るのを待つか、それとも、7分間待たずにベルを鳴らし合図して「小さい菓子」でも早くもらうか、のどちらを選ぶかを調べました。その結果、貧困問題がない家庭の子どもに比べて、貧困家庭の子どもはベルを鳴らして小さくても早く菓子をもらうことが多く、自制心がより弱いとみなされたのです（Evans & Rosenbaum, 2008）。子どもの7人に1人は貧困状態にあるというのが現在の日本です。貧困が子どもの心の発達に及ぼす影響には注意する必要があります。これについては第5章でさらに考えることにします。

＊＊＊

イヤイヤ期の子どもの親としては、幼児の自己主張は厄介で、扱うのが難しいと考えることが多いかもしれません。しかし、子どもが「イヤ」といいだしたら、発達が順調にいっている証拠だと喜びましょう。本章で述べたように、自己主張は子どもの自分の意思、時には、存在の表明です。そして、今後ますます発達してほしい人間の大切な特徴のひとつです。したがって、自己は大切に育てなければなりません。乳幼児の自己主張は「わがまま」だととられがちで、おとなの強い力で封じられてしまうこともあるので、注意が肝心です。

誰にでもそれぞれの自己を認めること、その自己を尊重するにはどうしたらよいのかに、人間が多くの知恵を絞ってきたことは歴史の示す通りです。近代市民社会になってようやく、普通の市民の自己が大切にされるようになりました。しかし、同時に歴史は、間違った身勝手な自己主張がきわめて危険きわまりないことも教えています。本章では、自己は他者の自己と共存する必要があること、主体としての自己は自己主張と自己制御の両方によって実現することを述べました。反抗という現象で気づく幼児の自己も本質的には同じだといえましょう。子どもの望むことは何でも許すというのは、誤りです。

第5章

子どもと社会

「あなたの子どもは，
あなたの子どもではありません」

日本では、子どもを育てる責任を親に負わせています。民法では強い親権を認めています。第八百二十条で「親権を行う者は、子の利益のために子の監護及び教育をする権利を有し、義務を負う」と定め、第八百二十二条で「親権を行う者は、第八百二十条の規定による監護及び教育に必要な範囲内でその子を懲戒することができる」としています。このような親権が認められているために、深刻な虐待の疑いがあっても子どもの救済が遅れがちです。そして、親に「自分の思う通りに子育てをしてもよい」という誤った信念を持たせてしまうためか、しつけのために体罰を使ってもよいとする日本人の許容度はきわめて高いのです。虐待をしつけのつもりだったと弁解する親も少なくありません。日本の子育ての現状を点検してみる必要があります。

日本では、社会の構成単位を「個人」ではなく「家族」であるとしています(白波瀬、2010)。そのために、たとえば、子どものための児童手当も「家庭の主たる稼ぎ手」に支給されてしまいます。子どもそのものを支援するという考えではないことがわかります。深刻なのは、親に経済的責任を負わせているために、もしも親が貧困状態にあれば、子どもには何ら落ち度がないにもかかわらず、みじめな生活を強いられることです。たとえば、親の収入が不足していれば、教育を受ける機会が狭められ、時には、満足な食事をすること、清潔な下着・衣服を着ること、医者にかかることなどを我慢させられている現実があります。日本の子どもの13・9%、なかでもひとり親家庭の半数は貧困状態にあるとされています(厚生労働省、2017)。このままでよいわけはありません。

本章では、まず、日本社会での子育ての状況で気になる問題をとりあげてみます。そのうえで、子どもの発達や子どもの人生にとって、親はどのような責任を負うべきか、だれがどのように子どもを護るべきか、国の責任は何か、市民には何ができるのかについて、実証的証拠をもとに考えてみます。

1 日本の子育ての現状

肩の力を抜く

第2章では、乳幼児の発達を考える上で母親を特別視する必要がないことをさまざまな証拠によって確かめました。もちろん、子どもは子どもを大切に思う人から安定した養護をうけることが必要です。そして、中心となる養育者は、子どもが「いざという時には助けてくれる人だ」と確信できる人であることが必要です。しかし、母親しか主たる養育者になれないというわけではありません。母親が信頼できる養育者の中のひとりであることは望ましいでしょうが、お父さん子やおばあちゃん子がいたり、あるいは、養母が数か月間の養育行動によって愛着の対象になれるという事実からすると、血縁のある母親が必須であるというわけではありません。

日本のお母さんは、子育てをひとりで背負うのではなく、肩の力をもっと抜くとよいと思います。第3章の子どもからの報告でみたように、母親が主な養育者であっても、子どもが母親をもっとも好きかというとそうでもない事例があることを述べました。第4章でたしかめたように、幼児といえども自己を持つ独立した人間であり、毎日、親以外のさまざまな人ともつきあい、親の知らないたくさんの経験をしています。したがって、母親は子どもがつき合う多数の人のなかのひとりにすぎないのです。このような事実は、親としてもうすうすは気づいているはずです。

図5-1は、第3章で紹介した3・5歳から発達を追跡していた子どもが小学1年生になった時に、母親にたずねた結果です。中の中から中の上という社会階層の家庭で、主な養育者として子どもを育ててきた母親たちです。まず、子育てについての自信の程度を4段階で聞いたところ、自信があると答えた母親は、「まあ、そうである」を合わせても、ほぼ半数でした。さらに、「子どもと気が合いますか」とたずねたところ「そうではない」と「あまり、そうでは

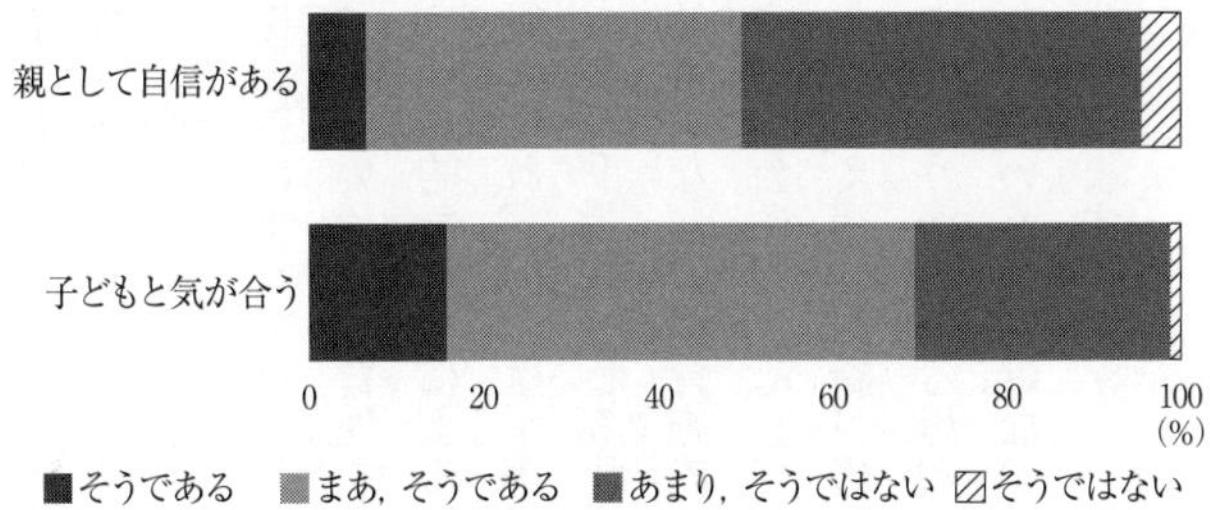

図 5-1　子どもが小学 1 年時の親としての自信(%)

ない」とを加えると3割の母親が、子どもとあまり気が合わないと答えました。正直にいえば、親子関係はこの程度のものだということです。母親は「私が子どもを」という思いにとらわれすぎなくてもよいことを、これらの結果は示しているといえましょう。

育児を「女性の天職である」「女性には母性がある」としたのは、18世紀半ばから19世紀にかけての産業革命期に考え出された〝社会政策〟であったことをすでに述べました。したがって、女性が子どもを産むからといって、女性の方が育児に適しているとか、子どもの養育は女性があたった方がよいとか、という主張には科学的根拠はないのです。

働く母親の葛藤

社会政策だったとはわかっても、しかし、幼い子どもの養育をどうするかについての問題は実際にはそう簡単ではありません。母親が育児に主に携わってきたという長い習慣があるうえに、子育てては待ったなしの作業だからです。傍らの子どもはおなかがすいた、抱っこしてなどというでしょう。そして、子育てには多くの手間と時間がかかります。

家族社会学者の舩橋惠子はこの問題の複雑さを、日本、フランス、スウェーデンの夫婦の面接調査によって浮き彫りにしました。それによると、男女平等を善しとして実践していた夫婦でも、いったん育児を始めると理念のようにはいきません。いずれの国でも、母親と父親という伝統的な性別による役割分業や、親子関係を優先する伝統的な習慣を維持しようとする力に動かされ、男女は平等であるという信念が危うくなると指摘しています。

この手間暇かかる乳幼児の養護を「社会も引き受けよう」として発展してきたのが保育園や幼稚園などの保育施設です。これは人間の知恵です。しかし、この育児の社会化を阻む壁は、まだ社会にも、そして、親の心の中にもあって、若い親たちの葛藤は大きいと思います。

たとえば、舩橋が紹介している次の母親の談話には、多くの働く母親が共感するのではないでしょうか。ある母親は「あんた(仕事を)辞めないの。子どもがかわいそうじゃない」とまわりからいわれ続けながら常勤の仕事を続けてきて、子どもが2歳になった時に次のように回顧しています。

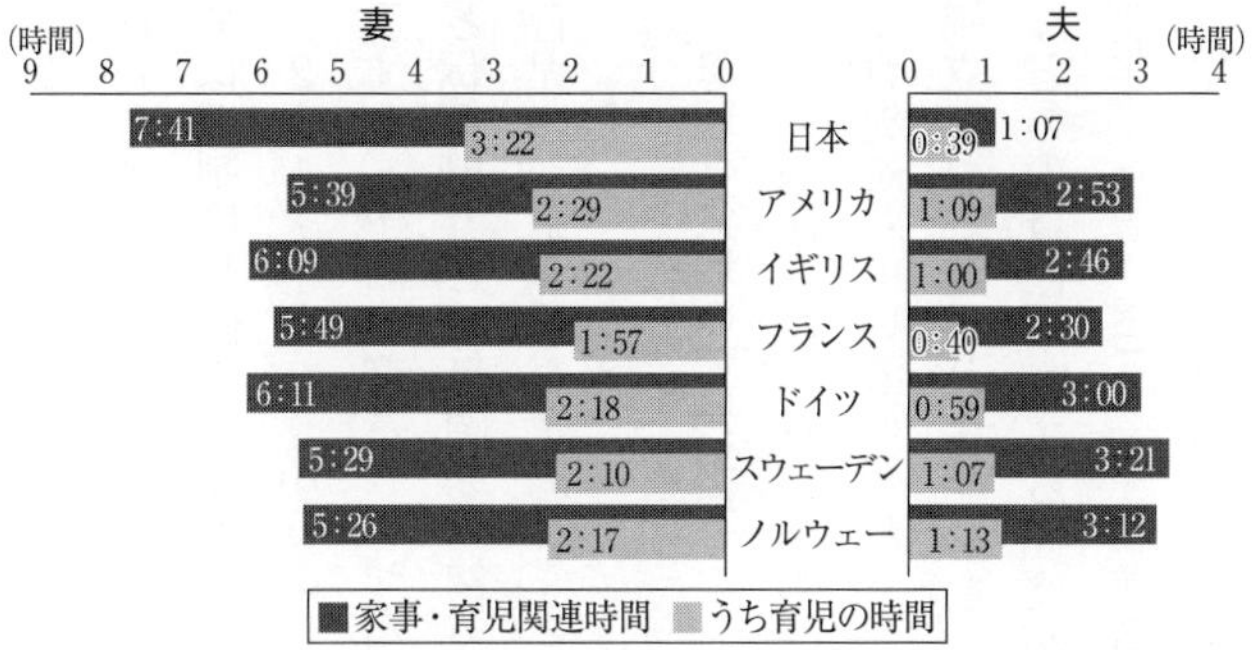

(注)1. Eurostat "How Europeans Spend Their Time Everyday Life of Women and Men"(2004), Bureau of Labor Statistics of the U.S. "American Time Use Survey"(2015)及び総務省「社会生活基本調査」(2011(平成23)年)より作成

2. 日本の数値は,「夫婦と子どもの世帯」に限定した夫と妻の1日当たりの「家事」,「介護・看護」,「育児」及び「買い物」の合計時間(週全体)である

(出所)内閣府, 2009

図5-2　妻と夫の家事・育児に費やす時間

もう家を出ていくときに、そのプレッシャーから逃れるのに、どれだけ自分のエネルギーを使ったことか。1年やってみて、なーんだ死なないじゃないか。そんないうほど、よそん家の子どもとこの子がちがうのか。もっと大きくならなければわからないけど、はっきりいってあまり違わないかもしれない。保育園のメリットって一杯あるじゃないですか…。（舩橋、2006）

図5-2は日本と欧米6か国の妻と夫が家事と育児に使った時間を示しています。舩橋の指摘のように、多くの国で家事・育児に女性が2倍程度多くの時間を費やして

いることがわかります。しかし、それにしても日本の男性が平均して家事に67分、そのうちの育児には39分しか使えていないという現実は、夫婦の意識の問題もさることながら、日本社会では、制度や働き方そのものから考え直さなければならないことを示しています。

２０１７年あたりから働き方について本気で考えようという流れができかけていると思われますが、予断は許されません。父親が育児に参加しないのは「育児や家事の時間がとれない」という現実とも無関係ではありません。そして、共働きの母親も同様です。実は仕事と家事・育児の二重労働を余儀なくされている母親が少なくないのです。

母親と父親の育児不安

多くの研究が一致して明らかにしているのは、育児不安をもっとも強く感じているのは専業で育児をしている母親だということです。「親としての責任に縛られている」「自分の生き方も確立したいと焦りを感じる」「生活の多くが子どもの要求にあわせるために犠牲にされている」などの項目に同意する程度が、専業の母親は有職の母親にくらべて高いと報告されています(柏木・加藤、2016)。注目するべき点は、育児不安とは育児の方法や子どもの発達についての心配よりも、育児をしていることで自分が社会から切り離されてしまっているという疎外感であるということです。
そして、このような疎外感は女性に限られないこともわかってきました。育児休業をとった父親に面接した研究は、彼らも世間からおいていかれるというきわめて強い不安を持っていることを明らかにしました。ある父親は、男女平等に賛同し、育児休業についてもよく理解し、自ら望んで休暇を取ったにもかかわらず、育児休業の日々を次のように報告しています。

夕方夕焼けみながら抱っこして、俺の人生これでいいのかなって一瞬考えたよ。毎日毎日のように繰り返して……食べさせて寝かしてオムツを換えてぐるぐるぐるぐる。……月曜日の朝が絶望的な気分になるんだよね。……また5日間始まるのかって思うとね。すっごい気持ちが重いの。

（菊地、2008）

子どもにはおとなによるあたたかい養護が必要ですが、子育てはそれが母親であれ父親であれ、専業で引き受けるべき作業ではないことが実証的に明らかにされてきました。いくら子どもが可愛いからといっても、世間から切り離されて家事・育児の作業を繰り返す毎日では、親の生活の質（ＱＯＬ）が保てないということです。

2　子どもを養育する環境

養育環境の質への関心

幸いなことは、保育園などの施設保育が子どもの発達に問題が生じるのではないかという心配を払拭するような成果をあげているという事実です。第2章で米国の国立子どもの健康・発達研究所(NICHD)が計画した大規模な研究、NICHD研究を紹介しました。この研究では「家庭のみで養育されている子ども」と「施設保育をも利用している子ども」の2群の子どもが、さまざまな知的発達と社会・情動的発達について比較検討されました。その結果、ほとんどの発達で両群には差がないか、それぞれに得手不得手があることがわかりました。そして、この点について日本の研究を検討した論文も、同じ結論に達しています(高辻、2016)。「家庭か保育園か」とか、「保育園に預けると発達に支障があるか」などという議論は、すでに決着をみているということです。

子どもの養育環境についての議論は、現在は、家庭か保育園かというとらえ方ではなく、家庭も保育施設も、それぞれ養育環境としてふさわしい条件を備えているか、つまり、「養育環境の質」を問うものになってきました。家庭にしろ、保育園にしろ、良い質の養育環境こそが、子どもにとって重要だということです。

家庭環境の質

まず、家庭環境について検討してみましょう。

家庭環境の全体の質を調べるためにもっとも広く使われているのは、米国で開発されたHOMEと呼ばれる観察による家庭環境の測定法(Caldwell & Bradley, 1984)で、これは50種以上の言語に翻訳されて世界中で広く使われています。HOMEは親への面接と家庭での実際の観察の両方によって、家庭環境の質を測定するもので、0歳から15歳まで四つの年齢別の測度に分かれています。たとえば、3〜6歳版では、(1)学習玩具があるか、(2)言語的刺激があるか、(3)物理的環境が豊かか、(4)親が応答的であるか、(5)学習的な刺激があるか、(6)社会的に望ましい行動の手本となる人がいるか、(7)さまざまな経験をさせているか、(8)親が子どもを受容しているか、についての8カテゴリーの合計55項目でできています。

子どもの発達には、親の受容的な態度や行動、手本となるような行動や働きかけをしているかだけではなく、家庭に子どもの発達を促すようなおもちゃや教具があるか、外出や旅行などの豊かな体験をさせているかなどをも調べて、家庭が総合的に見て養育環境として整っているかを問題にしています。HOMEが家庭環境の測定具として妥当であるかを検討する研究が数多くされていて、HOMEの得点が高いほど子どもの発達が良いことが報告されています。

日本では保健学者の安梅勅江《あんめときえ》がHOMEの枠組みをもとに開発した「子育ち環境チェックリスト」があります。これは、養育者自身と訪問した専門家がそれぞれ当てはまるかを調査する80項目で構成されています。養育者も専門家も同じリストを使って家庭環境の評定をするわけです。このチェックリストが家庭環境の測定法として適正で信頼できるという検討もされています(安梅、2004)。

「子育て環境チェックリスト」の項目は次のような8カテゴリーに分かれています。(　)内に項目数を示し、さらに、それぞれの項目の例をあげました。これを参考に、養育環境としてあなたの家庭が整っているか検討してみてください。

(1) 日常生活で、多様な人とかかわっている(13項目)
　母親、父親、きょうだい、子ども仲間などとのふれあいがある。
(2) 親のかかわりが、情緒的・言語的な応答性に富んでいる(29項目)
　子どもの発声にすぐに応じている、子どもの行動や表情を言葉で表現する。

(3)　制限や罰を与えない(6項目)

子どもをどならない、たたかない。

(4)　自主性を尊重している(2項目)

子どもに探索行動をさせる。

(5)　子どもに見合った物的な刺激がある(12項目)

子どもの本、運動をうながすボールなどがある。

(6)　外出や外部社会に触れる機会がある(7項目)

週1回以上買い物につれていく、家族ぐるみで付き合っている家族がいる。

(7)　安全な物理的環境が整備されている(9項目)

おもちゃをしまう場所がある、家の中が安全である。

(8)　育児を支援する人がいる(2項目)

養育者の外出時に、子どもの世話をする人が決まっている。

保育施設の質

保育施設の質の測度としては次のような検討がされています。

ＮＩＣＨＤ研究では、保育者と子どもの関係を観察するための測定法を開発しています（NICHD ECCRN, 2005）。これは、保育者と子どもとの交渉を実際の観察によって評定するもので、①保育者の接し方が温かいか（愛情がこもっているか、身体的な接触をするか）、②言葉による働きかけがあるか（温かい言葉を使うか、絵本の読み聞かせをするか）、③教育的な動機づけをするか（知的能力を伸ばすような働きかけをするか、子どもの友だちとの接触を奨励するか）、④行動の管理をするか（罰するか、行動をコントロールするか）の４カテゴリーで構成されています。

この測度に加えてＮＩＣＨＤ研究で保育施設の質として注目されているのが、①保育者と子どもの割合が妥当か（米国の基準では、２、３歳ではひとりの保育者に対して子どもが７人まで）、②子どもの保育のグループが小さいか（２、３歳では１グループ14人まで）、③保育者が高等学校以上の学歴を持つか、④保育者が保育の専門教育をうけているか、⑤保育者としての経験があるか、です。専門の教育をうけた保育者がいて、保育者ひとり当たりの子どもの数が少なく、子ども集団も小さい、そして、保育環境が整備されているのであれば、乳幼児の発達にとって施設保育は有効であるということです。

これらの保育施設の質を測定する観点は、親が保育園を選ぶ時にも参考になるでしょう。そしてまた、子どもが通園をいやがったり、保育施設からひどく疲れて帰るようであれば、施設の質についてよく検討してみる必要があります。

いわゆる待機児童の数を減らすことばかりに腐心して、保育者や保育施設の条件を緩和したり、条件を外したりして、ただ子どもを「収容すればよい」といわんばかりの日本の保育政策は問題です。子どもの育つ環境の質を軽視するものであり、決して看過できません。保育環境の質をよくするためには、毎日の子どものようすをよく見て知って、親も声をあげることが必要です。市民が保育施設の質に関心を持つことが、質の低下を止める大きな力になるはずです。

長時間保育の問題

子どもを長時間にわたって保育施設に預けてもよいものか、一日に何時間までなら預けてもよいか、という質問も子育て相談でよく出るものです。

NICHD研究では、保育施設で過ごす時間が長い子ども(週30時間以上)の発達への影響を多くの研究者が検討しています。その結果は、保育時間が長時間であるからといって直ちに発達に問題が生じるとはいえないというものでした。研究のひとつは、保育施設の質が悪く、保育されている子どもの数が多いと、長時間保育は子どもの問題行動の出現頻度を高めると指摘しています。納得できる結果でしょう。

別の研究者たちは、長時間保育の子どもの休日の母親との過ごし方に注目しています。誕生から生後6か月までに「週30時間以上を保育施設で過ごしている子ども」(143人)と「0時間である子ども」(183人)とを、生後15か月の時点で、精神発達、言語発達、母子交渉における子どもの積極性、母親への愛着について比べたところ、両群の子どもには差がないことがわかりました。そして、この研究では、勤務のために生じる週日の母親との長時間の分離の影響が、週末の「母子交渉の多さ(特に、遊び、外出、しつけ・教育などの交渉)」によって相殺されているのではないかと考えて検討し、結果はそれを支持しました。週日の母子の接触の少なさが、休日の短時間ではあっても密度の濃い交渉、特に授乳、オムツ替え、入浴などの必要な世話ではなく、遊び、外出などによる母子交渉の量で補われているというのです(Booth et al., 2002)。

この研究は、働く父母は週末に養育時間をつくらなければならないといっているわけではありません。この結果は、少なくとも二つのことを示唆していると思います。第一には、短時間の濃い親子の交渉によって、親子の交渉の少なさがとり戻せるという朗報です。いつも親がそばにいなければと考えなくてよいということです。そして、第二には、親子の交渉時間を短時間でも確保するような「働き方」を、働く親たちに保障するのは有効だということです。

日本の研究でも、「保育時間が長時間であること」そのものが子どもの発達に問題を生じさせることはないと報告しています。これは、全国の87か所の認可夜間保育園と併設されている昼間保育園の子どものうち、1歳時に毎日11時間以上保育されていた子ども(239人)と通常の保育(4〜10時間)をされていた子ども(409人)とを比較した研究です。2群の子どもは、運動の発達、社会性の発達(生活上のスキル、人とかかわるスキル)、言葉の発達(コミュニケーション、言葉の理解)、保育園への適応(通園を楽しんでいるか)などについて、2年後と5年後に追跡して調べたところ差がなかったということです。そして、子どもの発達に差異をもたらしたのは、保育時間の長短ではなく、養育環境の質であったと指摘しています。たとえば、「一緒に買い物に行く」などの子どもとの日頃の接し方や、「子育ての相談をしたり支援する人がいる」などの養育環境の良さが、子どもの発達にプラスに働くことが報告されました(安梅、2004)。

このように、実証データを見ると、保育時間が長いことがただちに子どもの発達にとって問題であるとはいえません。長時間保育が良質な環境でなされているか、長時間保育を補うような養育上の配慮がなされているか、などが重要だということです。

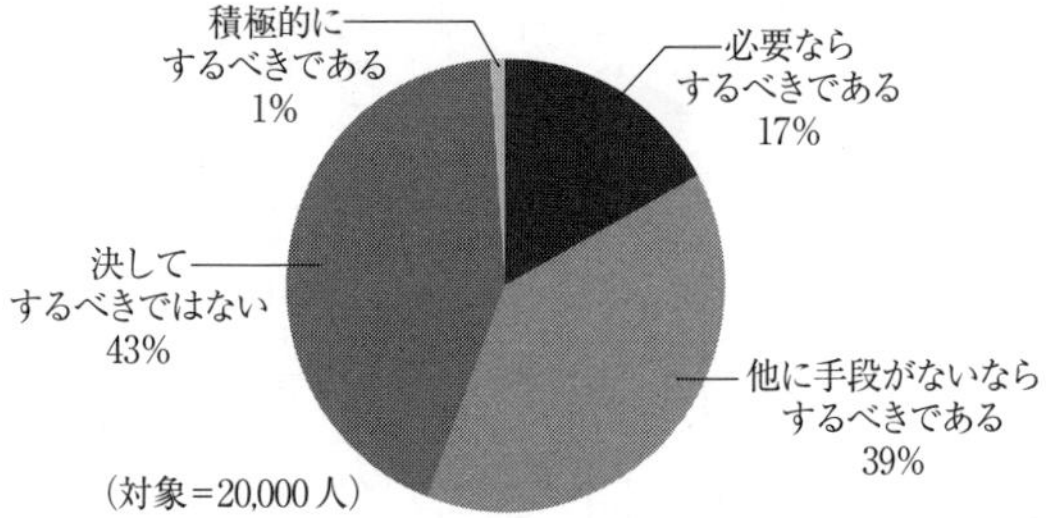

(出所)セーブ・ザ・チルドレン・ジャパン，2018

図5-3　しつけのための体罰についての意見

3　子どもの人権

虐待される子ども

２０１７年度に児童相談所が対応した子どもの虐待は13万３７７８件で過去最多であったということです。２０１６年度には49人の子どもが虐待死しています(厚生労働省、２０１８年8月30日発表)。「もうおねがい　ゆるして　ゆるしてくださいおねがいします」というメモを残した5歳女児もいました。痛ましい事例が次々と報告されています。

望まない子どもであった、育てにくい子どもであった、しつけのつもりできびしくした、生活が苦しかった等々と、さまざまな虐待の理由が挙げられます。根本にあるのは、子どもをどのように大切に考えるか、という問題です。子どもの人権についての社会通念に焦点をあてて考えてみましょう。

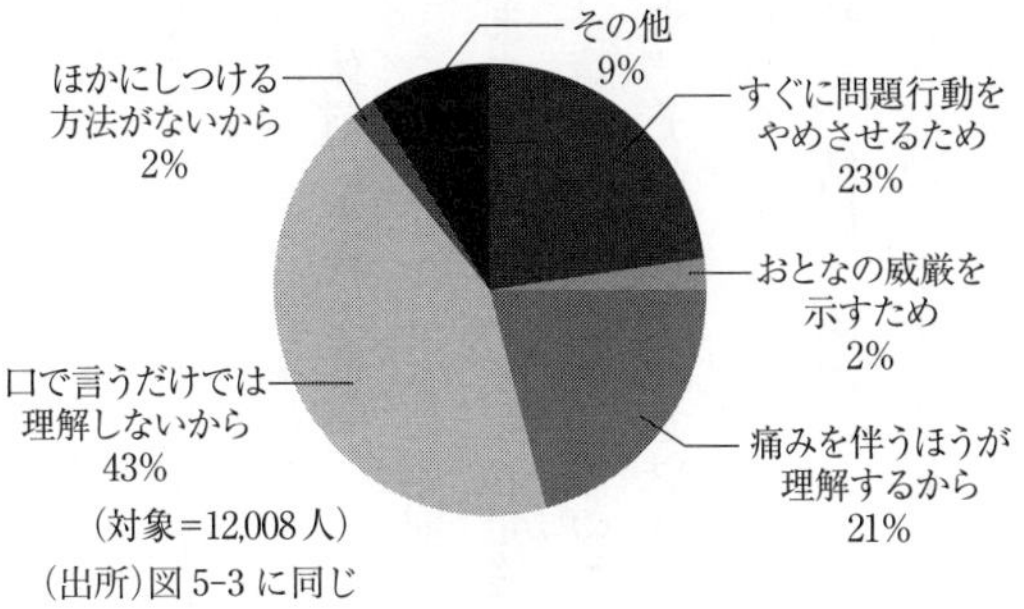

図5-4　子どもをなぜたたくべきなのか

高い体罰の肯定率

20歳以上の2万人の日本人に「しつけのために体罰は必要か」を尋ねた調査では、**図5-3**のように57％の人が体罰を肯定しています。体罰を容認する人はドイツでは25％、北欧のフィンランドやスウェーデンではそれぞれ10％程度であるのに比べて、きわめて高い肯定率です。

子どもを「たたくべきだ」という人にその理由を尋ねた結果が**図5-4**です。「口で言うだけでは効果がない」「痛い目に合わせたほうが効く」「即効性がある」というわけです。

さすがに、こぶしでなぐったり、物でたたいたり、加減せずに頭をたたくことを容認する人はそれぞれ10％程度でしたが、「お尻をたたく」「手の甲をたたく」のは良いとしている人がそれぞれ7割でした。

さらに、この意識調査に応じた2万人の中から、現在子ども(0〜17歳)を育てている親、約千人に絞って、実際に子どもをたたいているかを聞いていま す。その結果、「まったくたたかなかった」親は3割でした。そして、最近3か月間にもっとも多くした体罰は「お尻をたたく」(45%)「手の甲をたたく」(28%)「頬を平手でたたく」(19%)などが上位を占めました。

体罰は人権の侵害

このような日本の体罰についての状況は、少なくとも次の三つの点から深刻な問題だと思います。体罰は子どもの発達に悪影響を及ぼします。

第一に、大きな身体のおとなが子どもをたたいたり大声を出せば、たしかに即効性がありま す。子どもが恐れてやめるからです。しかし、脅されただけでは、どうしてそうされるのか理由はわかりません。したがって、おとなが見ていなければまたやりますので真の効果はありません。結局、体罰はしつけというよりも、自分が気にいらないことをした子どもについての、おとなのイライラや怒りのはけ口になっているだけだということになってしまいます。

第二に、体罰の子どもへの影響を考えなくてはなりません。体罰が子どもの発達に悪い結果をもたらすというのが多くの研究の一致した結論です。たとえば、過去六十余年間に発表され

表 5-1　体罰の子ども時代の発達への影響について

行動・傾向	望ましい	望ましくない	有意性
即効性	3	2	差なし
道徳的規律の内面化	2	13	***
攻撃性	0	27	****
非行・反社会的行動	1	12	***
親子関係の質	0	13	****
精神的健康	0	12	***
虐待される可能性	0	10	****

(注)数字は結果を示した研究数
(出所)Gershoff, 2002

た300以上の「親の体罰と子どもの発達の関連」についての研究から、データがしっかり報告されている88研究を選んで分析した結果が**表5-1**です。表は七つの行動・傾向からみて、体罰が「望ましい」あるいは「望ましくない」結果をもたらすと報告している研究の数を示しています。なお、表の〝有意性〟というのは、「望ましい」と「望ましくない」の研究数の差が、統計的な分析によっても〝差があるといってよい〟ことを意味し、＊の数が多いほど、差が確かにあることを示しています。表に見るように、「体罰の即効性」については「望ましい」という研究が三つあり、「望ましくない」という研究も二つあり、これについてはどちらか判断できませんでした。子どもが驚いて行動を止めるという意味では、即効性が有効な場合もあるということでしょう。しかし、他の6項目(道徳の内面化、攻撃性、非行・反社会的行動、親子関係の質、精神的健康、虐待される可能性)について、

「望ましくない」という結果を得た研究数が示すように、体罰は発達にとってよくないことがわかりました(Gershoff, 2002)。

体罰の子どもへの影響で心しなくてはならないのは、攻撃行動そのものが簡単に子どもに学ばれてしまうことです。これを示す有名な実験があります。おとなが大声をあげながら大きな人形を攻撃している映画を幼児に見せ、直後に、いろいろなおもちゃがある実験室で子どもの行動を観察します。すると、子どもは映画と同じ大きな人形に同じような暴力をふるったのです。つまり、どのように暴力をふるうかを子どもはやすやすと学んでしまうのです。おとなの暴力は暴力的な子どもを育てるというわけです。

第三には、子どもに体罰を与えてもよいというおとなたちは子どもの人権を侵害しているということです。たたいてよいとする理由の43%が「口で言うだけでは理解しないから」というものでした。また、21%が「痛みを伴うほうが理解する」というものでした。

たしかに3歳くらいまでの子どもの言葉はおぼつかないようにみえます。しかし、0歳児でも親が厳しい表情で真剣に言っているからやってはまずいことだな、とは理解します。2歳では発話はまだ下手ですが、子どもはかなりのことを言葉を聞いて理解します。口で言ってもわからないというのは誤解ですし、わからないからといって殴るのは許されないことです。

痛い目にあわせなければわからないから、というのは酷い理由です。もしもおとなが意志を通そうと他人に暴力をふるえば傷害罪でつかまります。ところがそれを、しつけという名目で子どもにするのは黙認されるというのは納得できません。

虐待して子どもを殺してしまった親の中には「しつけのつもりだった」「いうことをきかないので叱った」「虐待はしていない」という申し開きをする事例があります。ある国際セミナーで乳幼児期の「虐待」の定義について話し合ったとき、米国の心理学者が「たたいて、子どもに痛みが残るようならそれは虐待だ」と主張し、十数人の参加者たち全員が合意しました。幼い子どもを痛めつけることについては、どんなに厳しい基準で禁じても、やりすぎではないと思います。

言葉による人権の軽視

では、子どもをしつけようと言葉で叱ったり、ほめたりする場合はどうでしょう。しつけがおとなから子どもへの生活上の知恵や文化の伝達だとすれば、大切なことは子どもの気持ちを尊重しながら、内容をわかりやすく説明することです。おとなが力を使ったり、あるいは、感情のままに、叱るのもほめるのも、ともに問題です。

叱る時に避けたいのは、失敗したり、従順ではない子どもに「悪い子」「ダメな子」「バカ」「嫌いだ」などということです。これらの表現は子どもの存在そのもの、つまり、子どもの人格を全否定することになるうえに、どこがいけないのかを伝えていないので、子どもは見離されたという気持ちになります。これがくりかえされていくと、自分はどうしようもない子なのだと自信を無くしてしまいます。

では、ほめればよいかというと、ほめそやすのも子どもには迷惑です。よくおとなは子どもに何かをしてほしい時に「おりこうね」「いい子ね」といいます。そんな時、子どもに「イイコジャナイモン」と反撃されたことはないでしょうか。ただ「いい子ね」というのでは内容がわからないうえに、自分が時には妹をいじめたりしてしまうことも気づいている子どもは、おとなからの「いい子」だという評価はいい加減なものだと知っているようです。自分が大切に思われていないという寂しさを感じるかもしれません。あるいは、「いい子」と評価されなくなることを恐れて冒険をしなくなります。ある研究者は、弓矢のゲームをしている子どもがうまく的を射たときに「上手ね！」とほめていると、子どもがゲームをやめてしまうと指摘しました。たまたま的を射たのをほめられると、失敗を恐れて「やめておこう」と考えるのだと説明しました。全人格を肯定すると、ほめていることにならないばかりか、子どもを不安にさせるのだというわけです。

叱る時もほめる時も、どこが悪いのか、どこが良いのかを具体的に伝えることが重要だというわけです。そして、それは子どもが幼くても、言葉を使わなくてはできないことだと考えてください。

4　市民としての子どもと親

日本の子どもの貧困

日本は福祉の責任を親にあるとしていますが、この方法では子どもを真には支援できないことがわかってきました。親の「自己責任」であるという福祉政策は破綻しています。内外の経済学者たちが指摘しているように、経済格差が広がってしまう現代社会のひずみは、もはや個人の力ではどうにもならないからです（井手、2015）。破綻の事実を示す例のひとつが、日本の子どもの貧困問題です。貧困率でみると、7人の子どものうちの1人が貧困状態にあります。つまり、今の日本の政策ではすべての子どもの安全・安心を護ることができないことを示しています。

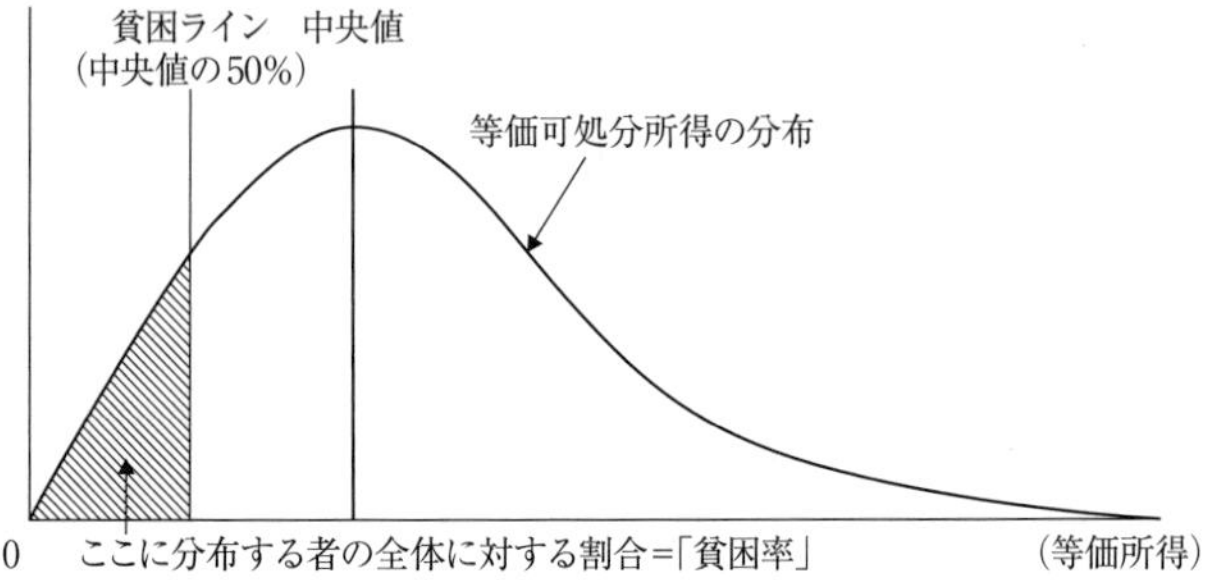

(出所)阿部，2012

図 5-5　相対的貧困率

２００９年に政権が一時変わった時に、当時の政府は初めて公式に日本に貧困問題があることを、貧困率で示しました。そして、公開された資料では１９８０年代にはすでに貧困問題があり、85年には日本の子どもの10人に１人は貧困状態にあったことがわかりました。貧困は今始まった問題ではなかったのです。

もしもあなたが「日本に貧困問題がある」と聞いてまさかと驚かれるとすれば、それは「絶対的貧困」、つまり１日１ドルくらいで暮らしている状態を貧困だと考えているからです。貧困率が問題にしているのは「相対的貧困」です。

貧困率は、**図5-5**に示すように、すべての日本人の年間の等価可処分所得（各世帯のすべての人の年収から税金や社会保険料などの非消費支出を引いた実収入を、世帯人数の平方根で割った金額のこと。分母を世帯人数にしないのは、世帯では共同で使える設備や道具などがあるところから、人数よりは少ない平方根で割って算出)が少ない方から順に並べたときの、真ん中の人の所得(中央値)の半分に達しない人の割合を出すものです。2015年度のこの所得の中央値は245万円でしたので、その半分の金額122万円が貧困線ということになります。つまり、この金額以下の所得の人の割合(図の斜線の部分)が貧困率になります。

子どもの貧困率とは17歳以下の日本の子どものうち、この貧困線以下の年収で暮らしている子どもの割合をいいます。それが、2017年に発表された政府の資料では、13・9%であるということです。そして、ひとり親家庭の場合には、それが50・8%だとも発表されました。特に母子家庭の場合には82・7%が「生活が苦しい」と回答しているというのが日本の現状です。『子どもの貧困対策推進法』(2014年施行)や『子どもの貧困対策に関する大綱』(2014年閣議決定)をつくっても、〝理念〟だけでは子どもは救えないのです。

相対的剝奪についての合意

手取りの年収を基準に計算する貧困率はたしかに一つの方法ですが、この計算には預金や不動産などの資産が含まれていないという問題があります。イギリスの社会学者ピーター・タウンゼンドは、その社会での「当たり前の生活」ができない状態を「相対的剝奪」と名づけ、これを貧困の指標にすることを提案しました。「当たり前の生活」とは、その社会の人々が普通にしている生活のことを指し、栄養、衣服、住居設備、本や玩具などの物資的な条件、そして、仕事、教育、レクリエーション、社会的活動への参加などの社会的な条件、これらのすべてが手に入ることをいいます。これを調べる85項目をタウンゼンドは提案しました(Townsend, 1993)。「相対的剝奪」とは、すばらしい発想だと思います。その社会で当たり前のことができずにいるおとなや子どもに光をあてることができます。本人が希望するのであれば、誰も社会の除け者にしない、仲間にしよう、ということです。タウンゼンドは当時のイギリスの当たり前の生活をもとに「相対的剝奪」の項目を考えました。

私たちは、乳幼児期(誕生から就学まで)の日本の子どもが手に入れて当たり前のことがらについてのリストを作って、「相対的剝奪」について市民がどの程度合意するかを検討してみることにしました。乳幼児期に限定したのは、この時期に注目した研究がなかったからです。「乳幼児の養育環境必須リスト」と名づけた40項目は、前述したＨＯＭＥなどの子どもの養育環境の測度の内容と、発達心理学がこれまでに明らかにしてきた成果にもとづいて選んだものです。そして、このリストの項目が充たされている子どもほど発達が順調であることもたしかめました。

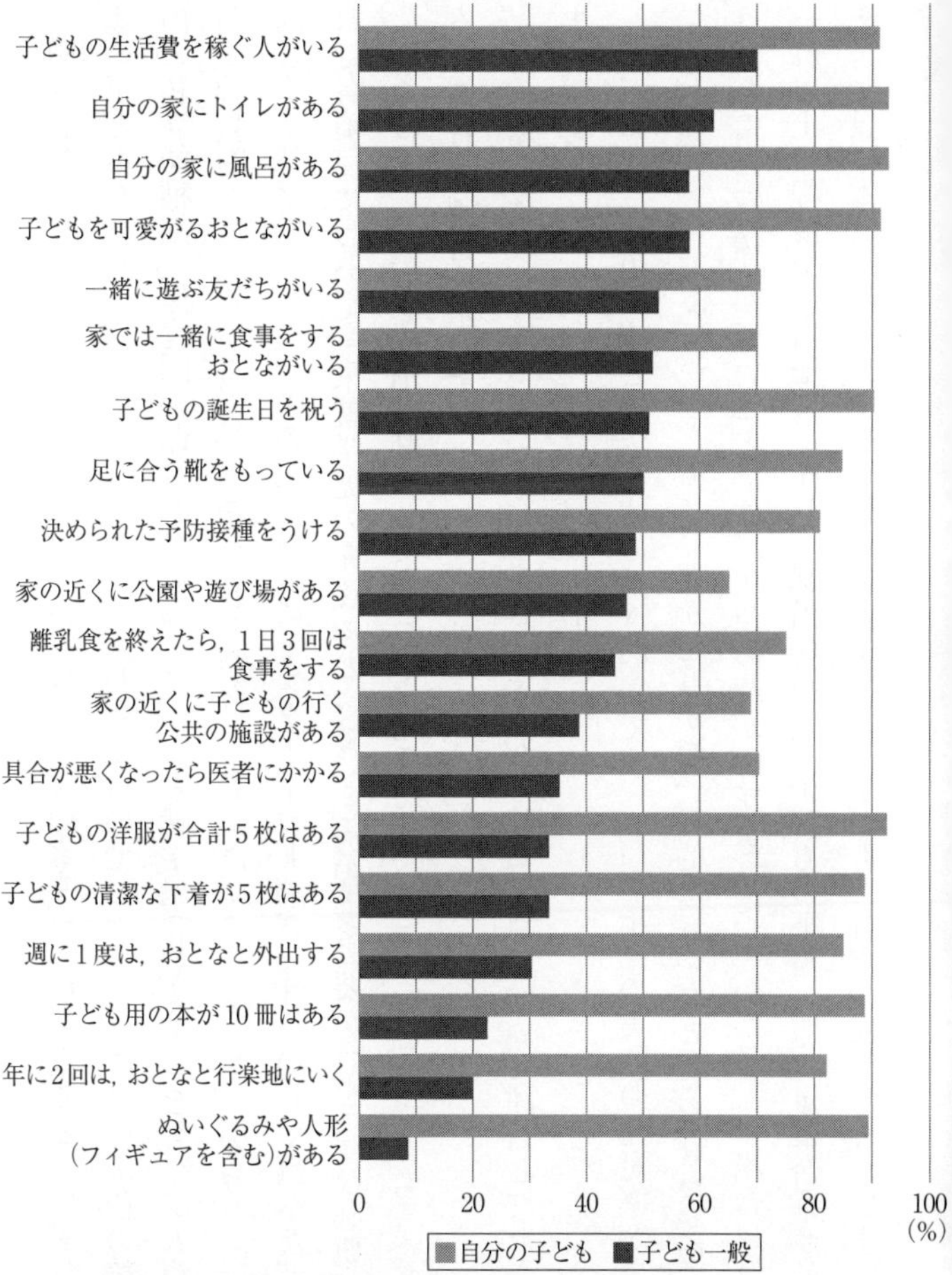

（注）自分の子ども：未就学児の親が自分の子どもに充たしている程度，対象＝484人．子ども一般：未就学児を持つ親が，子どもに是非必要であるとした程度，対象＝503人

（出所）平井ほか，2015

図5-6　相対的剝奪の項目についての未就学児をもつ親の合意率

図5-6はリストのうちの19項目の結果を示しています。項目を見ると、いずれも現在の日本の子どもなら充たされて当たり前だと思われるものでしょう。グラフの灰色の棒は、東京都内の私立幼稚園、保育園、保育室に在籍している未就学児(0〜6歳)をもつ二人親家庭の母親が、「わが子に充たしている」と報告した割合を示しています。そして、グラフの黒色の棒は、同じく未就学児をもつ全国の親を対象にインターネット調査会社を通して調べた結果です。これは各項目について「未就学児の発達にとって、どの程度必要か」を〈ぜひ必要である〉から〈必要ではない〉の5段階で判断してもらった結果です。グラフは回答のうち、〈ぜひ必要である〉とされた割合を示しています。

このグラフはいくつものことを考えさせますが、特に三点について注目しておきたいと思います。

第一には、灰色の棒と黒色の棒の長さの差です。「わが子」の実際の充足率がきわめて高い(灰色の棒)のに対して、子どもに必要かどうかを一般的にきいたところ〈ぜひ必要である〉という割合(黒色の棒)が低いことです。灰色の棒が示すように、「わが子」の場合には9割近くかそれ以上の程度で、自宅にトイレ、風呂があり、子どもの下着、服、足に合うサイズの靴を与え、玩具や本も与え、誕生日も祝っていますし、子どもと外出や旅行もしています。それに対して、「一般の子ども」についてはどうかときかれると、黒色の棒が示すように、〈ぜひ必要である〉とする割合は低いのです。自分の子どもには充たしていても、子どもにはどうかと一般的にきくと「ぜひに、ではなくてもよい」ということになるのです。

第二には、「一般の子ども」に対しての回答の内容が注目されます。この黒色の棒の項目は、合意率が高い方から低い方へと順に並べてあります。一般の子どもについての回答では、このリストの全40項目でもっとも合意率が高かったのは「生活費を稼ぐ人がいる」の70%でした。さすがに生活費は必要だというわけです。

ところが、合意率が低い項目に注目しますと、玩具、本、外出、下着、洋服、医者にかかるなど、いずれも出費がともなうものであることがわかりました。そこで、どうしてこのような回答をしたのかを知るために、20歳以上の全国の2000人を対象に回答した理由を尋ねるインターネット調査をしてみました。その結果、これらの項目の回答の理由は「親の都合によるから、ぜひ必要とはいえない」というものが多いことがわかりました。子どもの養育環境を整える責任は親にあるので、出費が必要なものは親の懐事情によるというわけでしょう。いわゆる親の「自己責任」だという考え方です。

第三には、「相対的剝奪」を示す項目を使って、支援が必要な貧困状態の人を探せるのではないかというのが、タウンゼンドらの考え方です。つまり、ある社会の中で「相対的剥奪」の状態にある人や子どもを探す目安として、その社会の住民の多数（50％以上）の人が「当たり前」だと認めた項目を手に入れていない場合を、経済的に困窮していると考えればよいというものです。

ところが、グラフの黒色の棒が示すように、日本では50％を超す人が合意する項目はわずかです。同じ項目を使って20歳以上の１０００人を対象にインターネット調査で調べたところ、グラフに示した項目の肯定率は軒並み低く、50％以上の人が〈ぜひ必要である〉としたのは、「生活費を稼ぐ人がいる」（63％）「子どもを可愛がるおとながいる」（60％）「家にトイレがある」（58％）の3項目でした。リストの40項目の全体をみても、多数が合意していると判断する基準の50％を超えたのはわずかに8項目でした（平井ほか、2015）。

子どもの貧困について精力的に問題提起をしている阿部《あべ》彩《あや》によると、子ども（12歳と設定）の当たり前の生活を示す25項目についてインターネット調査をしたところ、50％の基準を超えたのはわずかに8項目であったそうです。これは、イギリスで市民に同じく12歳の子どもについての合意率を調査した結果とは大きく異なるとされました。**表5-2**に示したように、イギリスでは用意された30項目中27項目の合意率が50％を超えています。この日英の違いがどこから

表 5-2　イギリス人の子どもの必需品についての合意率

項目	「必要である」とされた割合(%)
暖かいコート	95
新鮮なフルーツまたは野菜	94
新しく，足にあった靴	94
特別な日のお祝い	93
自分用のベッドと毛布	93
1 日 3 回の食事	91
趣味やレジャー活動	90
自分の本	89
学校の制服	88
集団活動(1 週間に 1 回)	88
おもちゃ(人形，ぬいぐるみなど)	84
少なくとも 7 枚のパンツ	83
教育用のゲーム	83
水泳(1 か月に 1 回)	78
子ども部屋(10 歳以上)	78
肉，魚，または菜食主義者用の代替品(1 日 2 回)	77
学校の遠足(1 学期に 1 回)	74
セーター，カーディガンなど 4 着	73
1 週間以上の旅行(1 年に 1 回)	71
お古でない洋服	70
少なくとも 4 本のズボン	69
遊ぶことのできる庭	69
寝室のカーペット	67
おもちゃ(ブロックなど)	62
レジャー用の道具	60
友だちを家によぶ(2 週間に 1 回)	59
自転車(お古も含む)	55
少なくとも 1 週間 50 ペンスのおやつ代(おこづかい)	49
勉強のためのコンピュータ	42
コンピュータ・ゲーム	18

元データ：“Omnibus Survey”，1999 年(対象＝世帯主 1885 人)
(出所)阿部，2008

来るのか、社会福祉についての歴史、政治・政策、市民の意識などを、しっかり検討することが必要だと考えています。私たちの調査で明らかになったのは、子育てを親の「自己責任」であるとし、「親が無理なら子どもは我慢するしかない」という日本人の家族主義でした。子どもの福祉は皆で担うべきであるという考え方をどう育てるのか、これからの重要な課題です。

社会の子ども

阿部は、ある講演の中で児童手当について話題にすると、必ず「そんな金をやったら、父親のパチンコ代になるだけだ」という反論があると話しました。福祉政策は人間を信頼できる社会においてのみ成り立つのでしょう。子どもの発達の機会の公平性を確保するには、子どもの発達する環境が親の懐事情に左右されないような、経済的援助の仕組みを充実させることが必要です。日本の保育・幼児教育に対する公費の支出は、OECD加盟34国中32位という低さで、検討が急がれます。

貧困家庭に対する経済的援助こそが、子どもの発達を向上させるのに有効であったことを示す北米での研究がいくつもあります。たとえば、ウィスコンシン州ミルウォーキー市で1994年からなされた「新しい希望計画」と名づけられたプロジェクトは、働く意志のある親を対象に、週30時間以上働くように要請すること、通常の公的支援に加えて貧困線を超えるように現金支給をすること、健康保険に加入させること、子どもの養育費を払うこと、問題の相談に応じること、などによって3年間に限って経済的に支援したものです。支援を受けたのは計画に参加を希望した家庭から無作為に選んだ678家庭でした。そして、支援が終了してから2年後、5年後に追跡調査してみると、支援を受けなかった679家庭(これらの家庭は通常の公的支援は受けた)に比べ、おとなは健康で仕事を続けより多い年収を得ており、支援当時0歳から10歳までであった子どもは、発達、成績、社会的行動、高等教育への進学の希望などにおいて、より望ましい傾向を示したと報告されています(Duncan et al., 2007)。

また、別の研究では1990年代にされた米国とカナダの貧困救済プロジェクトの中から、現金を給付して低所得の親たちの自活力を高めることをねらいとした16のプログラムを選び、その結果を分析しました。どのプログラムでも参加者はプログラム群か比較群(一般の公的支援は受けた)に無作為に割り振られ、主にひとり親家庭の約一万人の子ども(2〜5歳)が参加しました。プログラム終了の2〜5年後に追跡調査をしたところ、この研究でも、家庭の所得の援助が子どもによりよい発達をもたらしたことが確かめられました(Duncan et al., 2011)。このように、注意深くなされる経済的支援が子どもの発達にとって有効であるという証拠がそろってきました。

「あなたの子どもは、あなたの子どもではありません」

デンマークに住む宮下夫妻は、第一子の出産直後に「あなたの子どもは、あなたの子どもではありません」と書かれたパンフレットをもらって、強い衝撃をうけたと書いています。この出産後のメッセージには「あなたの子どもには自由と人権があり、両親だけの所有物ではありません」とあり、続いて、デンマークは福祉国家で、全国民に福祉制度が整っているので、しっかりそれを把握して権利を主張しなさいと書かれていたと紹介しています(宮下・宮下、2005)。このようなことを堂々と国民に宣言できる国があること、そして、これをしっかり支える国民がいること、このような例は、私たちにも可能性があることを教えてくれています。

「あなたの子どもは、あなたの子どもではありません」というメッセージはよく考えてみるに値すると思います。子どもは生き延びるための高い能力を備えて生まれ、親とは異なる人間として発達していく可能性を持っています。しかし、子どもはまだ力が弱く能力も限られていますので、その発達の可能性はおとなによって無視されたり簡単に踏みにじられたりもされます。したがって、子どもには是非とも手厚い庇護が必要です。

＊＊＊

子どもの庇護・養護を家族にだけ任せるのは無理であることをみてきました。子育てを親の「自己責任」にはできないことが明らかになったのです。すでにみてきたように、日本では7人に1人の子どもが貧困状態で暮らしています。貧困のドキュメンタリー番組は、寒くても暖房を切り、三度の食事にもこと欠いている子どもたちを報告しています。子どもの状態を見かねて始まったという善意の「こども食堂」が急速に全国に広がっているのは、よく考えてみれば異常な現象です。

子どもは生まれた家庭の状況に関係なく、可愛がられ、充分な養育環境や発達の機会を得なければなりません。本章で紹介したように、研究は子どもの発達のためには経済的援助が有効だと報告しています。ヨーロッパの多くの国では、福祉国家へと大きく舵を切り、税金をつぎ込んで、社会の設計そのものを変え始めています。そして、子どもの基本的権利を保障するような、「公平」な政治への転換のためには、市民の理解と決心と合意が不可欠だということを示しています。「公平」とは何かを図**5-7**は描いています。それぞれが必要な援助を受けることです。誰にでも「平等」な援助ではなく、「公平」でなければ、困っている人は救われない

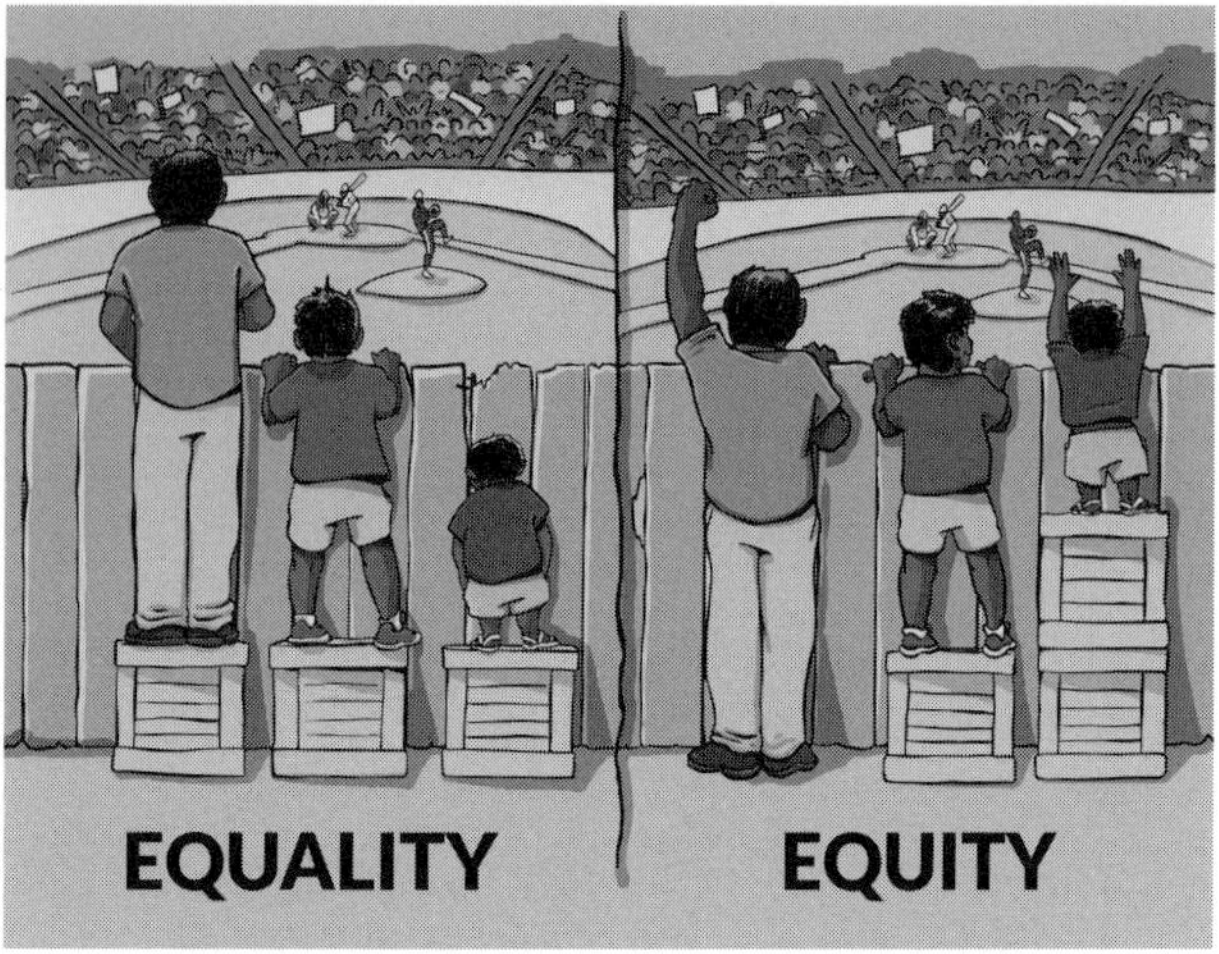

（出所）Interaction Institute for Social Change：Artist：Angus Maguire

図5-7　平等（equality）と公平（equity）の違い

ということです。

最後に、子どもの権利について考えておきましょう。子どもの基本的権利は、１９８９年に国連総会で採択された『子どもの権利条約』に明らかです。日本は１９９４年に１５８番目の国として批准しました。したがって、日本政府はこの条約に定められている権利を、すべての子ども（０〜17歳）に保障する義務があります。

この条文の翻訳は政府の公式のものもありますが、研究者、作家、さらには、テレビ番組の視聴者や子どもたちによるさまざまな訳がありますので、是非、全文にあたってみてください。

『子どもの権利条約』は全部で54条あり、

以下のような4本の権利の柱で構成されています。

(1) 生きる権利＝健康に生まれ、必要な時には医療をうけ、人間らしく生きていくための生活水準が充たされる権利。

(2) 育つ権利＝教育を受ける、休んだり遊んだりする、さまざまな情報を得る、考えや信念を尊重される、自分らしく成長する、などの育つ権利。

(3) 守られる権利＝あらゆる種類の差別や虐待、搾取、有害な労働、戦争などから守られる権利。

(4) 参加する権利＝自由に意見を言ったり、集まってグループを作ったりして活動することが保障される、必要な情報を得るなど、社会に参加する権利。

本章で扱った現在の日本の子どもの問題は、すべてこの基本的な権利に抵触しているといえましょう。すべての子どもが公平に発達の機会と場所を得るには、「他所《よそ》の子」をも支援する市民の理解が欠かせません。そうすることがすべてのおとなの責任ではないでしょうか。

おわりに

最後に、しつけの定義を再確認しておきましょう。しつけとは、社会の新しいメンバーになる子どもにとって、どのような社会が望ましいかを考えたうえで、おとなが子どもに必要だと考える社会のルール、習慣、文化を伝達することである、と定義しました。その際に大事なことは、伝える側のおとなには、どのような社会が将来の子どもにとって望ましいかを考える責任があり、そして、誉めそやしたり、脅したりせずに、幼い子どもにも言葉を使って分かり易くそれを伝える責任があることです。受け手の子どもは、幼くても、それを受け取る能力を持っていることも忘れてはなりません。

これはもちろん、養育者が完璧なおとなであるべきだということは意味しません。それは無理なことです。おとなも子どもとともに「人生百年」を迷いながら、失敗しながら一緒に歩む仲間です。しかし少なくともおとなは、自分の子どもだけではなく、すべての子どもが幸せになる社会の在り方を考えて、子育てをするべきだと思います。

本書は、私の半世紀を超えた心理学の研究者としての、子どもの発達についての現時点での「結論」を書いたものです。私は、人間関係、愛情、自己、生涯発達などをテーマに研究してきましたが、常に、心理学者の社会的責任の取り方について考えてきました。科学的証拠として世に出された心理学のデータが、おそらくその研究者の意に反して、政治的に利用されてしまうのを見て残念な思いをしてきました。尊敬するジェンダー心理学者の小倉千加子さんは「児童心理学はとてつもなくイデオロギッシュな学問です」(『セックス神話解体新書——性現象の深層を衝く』学陽書房、1988年)と喝破しました。私も、人間の心を扱う心理学のデータや主張には社会的責任が大きいことを意識しながら、研究によって明らかになったこと、考えられることを伝えたいと、本書をまとめました。

最後に、本書の執筆中、国の内外のたくさんの研究者や大学での学生との議論から、多くのヒントを得ていることを再認識し、それぞれの研究に言及したり、文献を引用させていただきました。特に、発達の考え方については長年の研究仲間である畏友・稲垣佳世子さんとの議論から貴重な示唆をいただきました。また、本書で結果の一部を紹介した進行中の二つの実証研究(「幼児の人間関係の縦断研究」と「幼児の貧困問題」)の仲間である平井美佳、長谷川麻衣、神前裕子、柴田玲子、山川賀世子、井上まり子の皆さんからは、さまざまな刺激と支援をいただきました。そして、岩波書店編集部の上田麻里さんは趣旨が伝わるように、読みやすくなるようにと、編集の立場から細かい的確な指摘をして応援してくださいました。

ここに記して、すべてのみなさんに心からの感謝を捧げます。みなさん、ありがとうございました。

高橋恵子

2019年1月

主要引用・参考文献

第 1 章

Baltes, P. B., Lindenberger, U., & Staudinger, U. M.(2006). Life-span theory in developmental psychology. In R. M. Lerner(Ed.), *Handbook of child psychology, 6th edition, Vol. 1*, Wiley.

Barker, D. J.(1995). Fetal origins of coronary heart disease. *British Medical Journal, 311*, 171–174.

Bronfenbrenner, U. & Morris, P. A.(2006). The bioecological model of human development. In R. M. Lerner(Ed.), *Handbook of child development, 6th edition, Vol. 1*, Wiley.

Cole, M. & Cole, S. R.(2001). *The development of children, 4th edition*, Worth Publishers.

波多野完治(1990).『波多野完治全集 11 生涯教育論』小学館.

ヘックマン，J. J.(2015).『幼児教育の経済学』古草秀子訳，東洋経済新報社.

Kagan, J.(2009). *The three cultures: Natural sciences, social sciences, and the humanities in the 21st century*, Cambridge University Press.

Kagan, J. & Moss, H. A.(1962). *Birth to maturity: A study in psychological development*, Wiley.

Meaney, M. J.(2010). Epigenetics and biological definition of Gene x Environment interactions. *Child Development, 81*, 41–79.

内閣府(2009).『平成 21 年版高齢社会白書』.

仲野徹(2014).『エピジェネティクス —— 新しい生命像をえがく』岩波新書.

ピアジェ，J.(1967).『知能の心理学』波多野完治・滝沢武久訳，みすず書房.

Piaget, J.(1970). Piaget's theory. In P. H. Mussen(Ed.), *Handbook of child psychology, 4th edition, Vol. 1*, Wiley.

Sameroff, A.(2010). A unified theory of development: A dialectic integration of nature and nurture. *Child Development, 81*, 6–22.

U.S. Department of Health and Human Services, Administration for Children and Families(2010). *Head Start Impact Study: Final Report*, Office

of Planning, Research and Evaluation, Administration for Children and Families, U.S. Department of Health and Human Services.

第 2 章

Ahnert, L., Pinquart, M., & Lamb, M. E. (2006). Security of children's relationships with nonparental care providers: A meta-analysis. *Child Development, 74*, 664–679.

Ainsworth, M. D. S., Blehar, M. C., Waters, E., & Wall, S. (1978). *Patterns of attachment: A psychological study of the Strange Situation*, Erlbaum.

Allen, J. P., Grande, L., Tan, J., & Loeb, E. (2018). Parent and peer predictors of change in attachment security from adolescence to adulthood. *Child Development, 89*, 1120–1132.

Bar-Haim, Y., Sutton, D. B., Fox, N. A., Marvin, R. S. (2000). Stability and change of attachment at 14, 24, and 58 months of age: Behavior, representation, and life events. *Journal of Child Psychology and Psychiatry, 41*, 381–388.

Bowlby, J. (1951). *Child care and growth of love: Based by permission of the World Health Organization on the report, Maternal care and mental health*, Penguin Books.

Bowlby, J. (1982). *Attachment and loss: Vol. 1. Attachment. 2nd edition*, Basic Books.

Bowlby, J. (1988). *A secure base: Parent-child attachment and healthy human development*, Basic Books.

Brooks-Gunn, J., Han, W.-J., & Waldfogel, J. (2010). First-year maternal employment and child development in the first 7 years. *Monographs of the Society for Research in Child Development, 75-2.*

Cassidy, J. (2016). The nature of the child's ties. In J. Cassidy & P. R. Shaver (Eds.), *Handbook of Attachment: Theory, research, and clinical applications. 3rd edition*, Guilford.

Dozier, M., Stovall, K. C., Albus, K. E., & Bates, B. (2001). Attachment for infants in foster care: The role of caregiver state of mind. *Child Development, 72*, 1467–1477.

江上園子(2017).「キャリア志向の女性における出産前後の『母性愛』信奉傾向の変容」*発達心理学研究 28*, 154–164.

Facompré, C. R., Bernard, K., & Waters, T. E. A. (2018). Effectiveness of in-

terventions in preventing disorganized attachment: A meta-analysis. *Development and Psychopathology, 30*, 1–11.

Granqvist, P. et al. (2017). Disorganized attachment in infancy: A review of the phenomenon and its implications for clinicians and policy-makers. *Attachment & Human development, 19*, 534–558.

Karen, R. (1994). *Becoming attached: Unfolding the mystery of the infant-mother bond and its impact on later life*, Warner Books.

Marvin, R., Cooper, G., Hoffman, K., & Powell, B. (2002). The circle of security project: Attachment-based intervention with caregiver–pre-school child dyads. *Attachment & Human Development, 4*, 107–124.

NICHD (1997). The effects of infant child care on infant-mother attachment security: Results of the NICHD study of early child care. *Child Development, 68*, 860–879.

NICHD (2001). Child-care and family predictors of preschool attachment and stability from infancy. *Developmental Psychology, 37*, 847–862.

O'Connor, T. G., & Croft, C. M. (2001). A twin study of attachment in preschool children. *Child Development, 72*, 1501–1511.

Sroufe, L. A., Egeland, B., Carlson, E. A., & Collins, W. A. (2005). *The development of the person: The Minnesota study of risk and adaptation from birth to adulthood*, Guilford.

高橋惠子(2003).「感情と人間関係」波多野誼余夫・高橋惠子編『感情と認知』放送大学教育振興会.

高橋惠子・石川恵津子・三宅和夫(2009).「愛着の質は変わらないか——18年後の追跡研究」三宅和夫・高橋惠子編『縦断研究の挑戦——発達を理解するために』金子書房.

上野千鶴子(1994).『近代家族の成立と終焉』岩波書店.

Verhage, M. L., Schuengel, C., Madigan, S., Fearon, R. M., Oosterman, M., Cassibba, R., Bakermans-Kranenburg, M. J., & van IJzendoorn, M. H. (2016). Narrowing the transmission gap: A synthesis of three decades of research on intergenerational transmission of attachment. *Psychological Bulletin, 142*, 337–366.

Zeegers, M. A., Colonnesi, C., & Meins, E. (2017). Mind matters: A meta-analysis on parental mentalization and sensitivity as predictors of infant-parent attachment. *Psychological Bulletin, 143*, 1245–1272.

第3章

Antonucci, T. C., Akiyama, H., & Takahashi, K.(2004). Attachment and close relationships across the life span. *Attachment & Human Development, 6*, 353-370.

井上まり子(2002).「"ひとりでいい"と答える小学生の人間関係 ―― 友だちの多い子どもとの比較による検討」*性格心理学研究 11*, 58-60.

Lewis, M.(1982). The social network model. In T. M. Field, A. Huston, H. C. Quary, L. Troll, & G. E. Finley(Eds.), *Review of human development*, Wiley.

Kahn, R. L. & Antonucci, T. C.(1980). Convoys over the life course: Attachment, roles, and social support. In P. B. Baltes & O. G. Brim(Eds.), *Life span development and behavior, Vol. 3*, Academic Press.

Takahashi, K.(1997). *Friends vs. mothers: The role of preestablished relationships in children's joint problem solving*, Paper presented at the Society for Research in Child Development biennial meeting.

高橋惠子(2002).「生涯にわたる人間関係の測定 ―― ARS と PART について」*聖心女子大学論叢 98*, 101-131.

高橋惠子(2010).『人間関係の心理学 ―― 愛情のネットワークの生涯発達』東京大学出版会.

Takahashi, K., Inoue, M., Yamakawa, K., & Shibata, R.(2005). Development of social relationships with significant others from 3- to 8-year-old Japanese children: Nature and nurture. In H. Høgh-Olesen, J. Tønnesvang, & P. Bertelsen(Eds.), *Human characteristics: Evolutionary perspectives on human mind and kind*, Cambridge Scholars Publishing.

Weiss, R. S.(1974). The provisions of social relationships. In Z. Rubin(Ed.), *Doing unto others*, Prentice Hall.

第4章

Erikson, E. H.(1959). *Identity and the life cycle*, International Universities Press.

エリクソン, E. H.(1973).『アイデンティティ ―― 青年と危機』岩瀬庸理訳, 金沢文庫.

Evans, G. W. & Rosenbaum, J.(2008). Self-regulation and the income-achievement gap. *Early Childhood Research Quarterly, 23*, 504-514.

Fivush, R.(1993). Emotional content of parent-child conversations about the

past. In C. A. Nelson (Ed.). *Memory and affect in development. The Minnesota Symposia on Child Psychology, Vol. 26*, Erlbaum.
飯沼牧子(1992).「幼児の自己概念と自己主張」聖心女子大学卒業論文.
柏木惠子(1988).『幼児期における「自己」の発達 ── 行動の自己制御機能を中心に』東京大学出版会.
Lewis, M. & Brooks-Gunn, J. (1979). *Social cognition and the acquisition of self*, Plenum.
Mizukami, K., Kobayashi, N., Ishii, T., & Iwata, H. (1990). First selective attachment beings in early infancy: A study using telethermography. *Infant Behavior and Development, 13*, 257–271.
ミシェル, W. (2015).『マシュマロ・テスト ── 成功する子・しない子』柴田裕之訳, 早川書房.
Neisser, U. (1988). Five kinds of self-knowledge. *Philosophical Psychology, 1*, 35–59.
Nelson, K. (1993). Events, narratives, memory: What develops? In C. A. Nelson (Ed.). *Memory and affect in development. The Minnesota Symposia on Child Development Vol. 26*, Erlbaum.
西平直(1993).『エリクソンの人間学』東京大学出版会.
矢野喜夫・矢野のり子(1986).『子どもの自然誌』ミネルヴァ書房.

第5章

阿部彩(2008).『子どもの貧困』岩波新書.
阿部彩(2012).「「豊かさ」と「貧しさ」── 相対的貧困と子ども」*発達心理学研究 23*, 362–374.
安梅勅江(2004).『子育ち環境と子育て支援 ── よい長時間保育のみわけかた』勁草書房.
Booth, C. L., Clarke-Stewart, K. A., Vandell, D. L., McCartney, K., & Owen, M. T. (2002). Child-care usage and mother-infant 'quality time'. *Journal of Marriage and Family, 64*, 16–26.
Caldwell, B. & Bradley, R. (1984). *Home Observation for Measurement of the Environment (HOME), Revised edition*, University of Arkansas.
Duncan, G. J., Huston, A. C., & Weisner, T. S. (2007). *Higher ground: New Hope for the working poor and their children*, Russell Sage.
Duncan, G. J., Morris, P. A., & Rodrigues, C. (2011). Does money really matter? Estimating impacts of family income on young children's

achievement with data from random-assignment experiments. *Developmental Psychology, 47*, 1263–1279.
舩橋惠子(2006).『育児のジェンダー・ポリティクス』勁草書房.
Gershoff, E. T.(2002). Corporal punishment by parents and associated child behaviors and experiences: A meta-analytic and theoretical review. *Psychological Bulletin, 128*, 539–579.
平井美佳・神前裕子・長谷川麻衣・高橋惠子(2015).「乳幼児にとって必須な養育環境とは何か ── 市民の素朴信念」*発達心理学研究 26*, 56–69.
井手英策(2015).『経済の時代の終焉』岩波書店.
柏木惠子・加藤邦子(2016).「育児不安を考える ── ライフコースの激変とアイデンティティの揺らぎ」柏木惠子・高橋惠子編『人口の心理学へ ── 少子高齢社会の命と心』ちとせプレス.
菊地ふみ(2008).「父親の子育て ── 育児休業をとった父親たち」柏木惠子・高橋惠子編『日本の男性の心理学 ── もう１つのジェンダー問題』有斐閣.
厚生労働省(2017). 平成28年国民生活基礎調査.
https://www.mhlw.go.jp/toukei/saikin/hw/k-tyosa/k-tyosa16/index.html
宮下孝美・宮下智美(2005).『あなたの子どもは，あなたの子どもではない ── デンマークの30年 ── 仕事・結婚・子育て・老後』萌文社.
NICHD ECCRN(2005). *Child care and child development: Results from the NICHD study of early child care and youth development*, Guilford.
セーブ・ザ・チルドレン・ジャパン(2018).「子どもの体やこころを傷つける罰のない社会を目指して」子どもに対するしつけのための体罰等の意識・実態調査報告書.
白波瀬佐和子(2010).『生き方の不平等 ── お互いさまの社会に向けて』岩波新書.
高辻千恵(2016).「乳幼児の保育所経験と発達」『児童心理学の進歩』*55*.
Townsend, P.(1993). *The international analysis of poverty*, Harvester Wheatsheaf.

高橋恵子

1940年東京生まれ．お茶の水女子大学文教育学部卒業，東京大学大学院教育学研究科(教育心理学専攻)博士課程修了，教育学博士．
現在－聖心女子大学名誉教授
専攻－生涯発達心理学
著書－『生涯発達の心理学』(共著，岩波新書)
『自立への旅だち』(岩波書店)
『文化心理学入門』(共著，岩波書店)
『人間関係の心理学』(東京大学出版会)
『愛着からソーシャル・ネットワークへ』(訳，共編著，新曜社)
『人口の心理学へ』(共編著，ちとせプレス)
『絆の構造』(講談社現代新書) など

子育ての知恵
幼児のための心理学　　岩波新書(新赤版)1760

2019年2月20日　第1刷発行

著　者　高橋恵子《たかはしけいこ》

発行者　岡本　厚

発行所　株式会社 岩波書店
〒101-8002 東京都千代田区一ツ橋2-5-5
案内 03-5210-4000　営業部 03-5210-4111
http://www.iwanami.co.jp/

新書編集部 03-5210-4054
http://www.iwanamishinsho.com/

印刷・精興社　カバー・半七印刷　製本・中永製本

ISBN 978-4-00-431760-9　　Printed in Japan

岩波新書新赤版一〇〇〇点に際して

ひとつの時代が終わったと言われて久しい。だが、その先にいかなる時代を展望するのか、私たちはその輪郭すら描きえていない。二〇世紀から持ち越した課題の多くは、未だ解決の緒を見つけることのできないままであり、二一世紀が新たに招きよせた問題も少なくない。グローバル資本主義の浸透、憎悪の連鎖、暴力の応酬——世界は混沌として深い不安の只中にある。

現代社会においては変化が常態となり、速さと新しさに絶対的な価値が与えられた。消費社会の深化と情報技術の革命は、種々の境界を無くし、人々の生活やコミュニケーションの様式を根底から変容させてきた。ライフスタイルは多様化し、一面では個人の生き方をそれぞれが選びとる時代が始まっている。同時に、新たな格差が生まれ、様々な次元での亀裂や分断が深まっている。社会や歴史に対する意識が揺らぎ、普遍的な理念に対する根本的な懐疑や、現実を変えることへの無力感がひそかに根を張りつつある。そして生きることに誰もが困難を覚える時代が到来している。

しかし、日常生活のそれぞれの場で、自由と民主主義を獲得し実践することを通じて、私たち自身がそうした閉塞を乗り超え、希望の時代の幕開けを告げてゆくことは不可能ではあるまい。そのために、いま求められていること——それは、個と個の間で開かれた対話を積み重ねながら、人間らしく生きることの条件について一人ひとりが粘り強く思考することではないか。その営みの糧となるものが、教養に外ならないと私たちは考える。歴史とは何か、よく生きるとはいかなることか、世界そして人間はどこへ向かうべきなのか——こうした根源的な問いとの格闘が、文化と知の厚みを作り出し、個人と社会を支える基盤としての教養となった。まさにそのような教養への道案内こそ、岩波新書が創刊以来、追求してきたことである。

岩波新書は、日中戦争下の一九三八年一一月に赤版として創刊された。創刊の辞は、道義の精神に則らない日本の行動を憂慮し、批判的精神と良心的行動の欠如を戒めつつ、現代人の現代的教養を刊行の目的とする、と謳っている。以後、青版、黄版、新赤版と装いを改めながら、合計二五〇〇点余りを世に問うてきた。そして、いままた新赤版が一〇〇〇点を迎えたのを機に、人間の理性と良心への信頼を再確認し、それに裏打ちされた文化を培っていく決意を込めて、新しい装丁のもとに再出発したいと思う。一冊一冊から吹き出す新風が一人でも多くの読者の許に届くこと、そして希望ある時代への想像力を豊かにかき立てることを切に願う。

（二〇〇六年四月）

岩波新書より

福祉・医療

社会

サイバーセキュリティ　谷脇康彦
まちづくり都市 金沢　山出保
虚偽自白を読み解く　浜田寿美男
総介護社会　小竹雅子
戦争体験と経営者　立石泰則
住まいで「老活」　安楽玲子
現代社会はどこに向かうか　見田宗介
EVと自動運転 クルマをどう変えるか　鶴原吉郎
ルポ 保育格差　小林美希
津波災害〔増補版〕　河田惠昭
棋士とAI　王銘琬
原子力規制委員会　新藤宗幸
東電原発裁判　添田孝史
日本問答　田中優子・松岡正剛
日本の無戸籍者　井戸まさえ
〈ひとり死〉時代のお葬式とお墓　小谷みどり

町を住みこなす　大月敏雄
親権と子ども　榊原富士子・池田清貴
歩く、見る、聞く 人びとの自然再生　宮内泰介
対話する社会へ　暉峻淑子
悩みいろいろ　金子勝
魚と日本人 食と職の経済学　濱田武士
ルポ 貧困女子　飯島裕子
鳥獣害 動物たちと、どう向きあうか　祖田修
科学者と戦争　池内了
新しい幸福論　橘木俊詔
ブラックバイト 学生が危ない　今野晴貴
原発プロパガンダ　本間龍
ルポ 母子避難　吉田千亜
日本にとって沖縄とは何か　新崎盛暉
日本病 長期衰退のダイナミクス　金子勝・児玉龍彦
雇用身分社会　森岡孝二
生命保険とのつき合い方　出口治明

ルポ にっぽんのごみ　杉本裕明
鈴木さんにも分かるネットの未来　川上量生
地域に希望あり　大江正章
世論調査とは何だろうか　岩本裕
フォト・ストーリー 沖縄の70年　石川文洋
ルポ 保育崩壊　小林美希
多数決を疑う 社会的選択理論とは何か　坂井豊貴
アホウドリを追った日本人　平岡昭利
朝鮮と日本に生きる　金時鐘
被災弱者　岡田広行
農山村は消滅しない　小田切徳美
復興〈災害〉　塩崎賢明
「働くこと」を問い直す　山崎憲
原発と大津波 警告を葬った人々　添田孝史
縮小都市の挑戦　矢作弘
福島原発事故 被災者支援政策の欺瞞　日野行介
日本の年金　駒村康平

岩波新書より

岩波新書より

変えてゆく勇気	上川あや
戦争で死ぬ、ということ	島本慈子
社会学入門	見田宗介
冠婚葬祭のひみつ	斎藤美奈子
壊れる男たち	金子雅臣
少年事件に取り組む	藤原正範
いまどきの「常識」	香山リカ
働きすぎの時代	森岡孝二
桜が創った「日本」	佐藤俊樹
生きる意味	上田紀行
ルポ 戦争協力拒否	吉田敏浩
ウォーター・ビジネス	中村靖彦
男女共同参画の時代	鹿嶋敬
当事者主権	中西正司 上野千鶴子
ルポ 解雇	島本慈子
豊かさの条件	暉峻淑子
人生案内	落合恵子
若者の法則	香山リカ
自白の心理学	浜田寿美男

原発事故はなぜくりかえすのか	高木仁三郎
日本の近代化遺産	伊東孝
証言 水俣病	栗原彬編
コンクリートが危ない	小林一輔
東京国税局査察部	立石勝規
ドキュメント 屠場	鎌田慧
能力主義と企業社会	熊沢誠
沖縄 平和の礎	大田昌秀
現代社会の理論	見田宗介
原発事故を問う	七沢潔
災害救援	野田正彰
命こそ宝 沖縄反戦の心	阿波根昌鴻
スパイの世界	中薗英助
都市開発を考える	大野輝之 レイコ・ハベ・エバンス
ディズニーランドという聖地	能登路雅子
原発はなぜ危険か	田中三彦
豊かさとは何か	暉峻淑子
農の情景	杉浦明平

光に向って咲け	粟津キヨ
異邦人は君ヶ代丸に乗って	金賛汀
読書と社会科学	内田義彦
科学文明に未来はあるか	野坂昭如編著
プルトニウムの恐怖	高木仁三郎
社会科学における人間	大塚久雄
沖縄ノート	大江健三郎
地の底の笑い話	上野英信
この世界の片隅で	山代巴編
音から隔てられて	入谷仙介 林瓢介編
ものいわぬ農民	大牟羅良
民話を生む人々	山代巴
死の灰と闘う科学者	三宅泰雄
米軍と農民	阿波根昌鴻
沖縄からの報告	瀬長亀次郎
暗い谷間の労働運動	大河内一男
ユダヤ人	J-P・サルトル 安堂信也訳
社会認識の歩み	内田義彦
社会科学の方法	大塚久雄

岩波新書/最新刊から

1750 **百姓一揆** 若尾政希 著

「反体制運動ではなかった」、「竹槍や蓆旗《むしろばた》は使われなかった」――大きく転換した百姓一揆の歴史像から、近世という時代を考える。

1751 **フランス現代史** 小田中直樹 著

一九四四年の解放からマクロン政権まで、戦後フランスを「分裂と統合の弁証法」というメカニズムのもとに総体的にとらえる。

1752 **保育の自由** 近藤幹生 著

いま求められる子ども観・保育観とは？「新制度」や「新指針」を正面から検討し、当事者のための保育の在り方を提案する。

1753 **物流危機は終わらない**
――暮らしを支える労働のゆくえ―― 首藤若菜 著

物流危機の原因は現場の労働問題にあった！トラックドライバーの過酷な現場を活写し、現代日本が直面した困難を描く。

1754 **平成の藝談**
歌舞伎の真髄にふれる 犬丸治 著

芸談とは、先人への懐古憧憬であるとともに後進への叱咤鞭撻でもある。平成の世に輝いた役者たちのことばでつむぐ歌舞伎論。

1755 **ユダヤ人とユダヤ教** 市川裕 著

啓典の民、離散の民、交易の民、さまざまな呼び名をもつユダヤの人びと。歴史をたどりながら、その信仰、学問、社会、文化を知る。

1756 **なぜ働き続けられない？**
社会と自分の力学 鹿嶋敬 著

働く女性は雇用者全体の半数近くを占めるのに、本人が望んでも働き続けられないのはなぜなのか。当事者の声とともに問題点を提示。

1757 **ユーラシア動物紀行** 増田隆一 著

フィンランドから始まる動物地理学の旅は水の都サンクトペテルブルクの動物学博物館を経て、大自然の中へ。［カラー図版多数］

(2019.2)